Ein Päckchen
voller
Geschichten

Bestell-Nr.: RKW 5018

3. Auflage 2024

© 2019 Kawohl Verlag, 46485 Wesel
Alle Rechte vorbehalten

Textrechte: Seite 114

Titelfoto: Getty Images / egal

Lektorat, Satz und Umschlaggestaltung:
Kawohl Verlag / Ruth Konrad

Druck und Verarbeitung:
Drukarnia Dimograf, Bielsko-Biała, Polen

ISBN 978-3-86338-018-2   www.kawohl.de

Ein Päckchen voller Geschichten

kawohl

Vorwort

Liebe Leserin, lieber Leser,

Geschichten, Erlebnisse und Erfahrungen gehen in die Tiefe, bewegen und berühren, lassen schmunzeln, aufatmen, sind sinnvolle und bedenkenswerte Angebote zum Leben. Manche Lebensweisheiten erheitern uns, andere machen uns betroffen, wieder andere bringen uns zum Staunen. Viele Autoren sind an diesem Buch beteiligt; der wichtigste Autor aber ist das Leben selbst.

Mitarbeiter in Gemeinden werden sich über diese Auslese von Geschichten freuen, die sie für die Gottesdienstgestaltung oder in der Jugendarbeit, im Hauskreis usw. gut gebrau-

chen können. – Die Geschichten werden den Hörer erreichen und ein gutes Echo bringen. Ich selbst verwende diese Geschichten gerne.

Die Geschichten für's Leben möchten uns nachdenklich machen, wollen zündender Funke sein für hilfreiche Einsichten, können staunen lassen und das Leben unter den Menschen und zwischen Gott und Mensch mehr als ein Schatz bereichern.

Ich wünsche Ihnen Freude und Gewinn an neuen Erfahrungen und Gottes Segen.

Reinhard Kawohl

Ein Platz am Fenster

Zwei Männer, beide schwer krank, lagen in einem gemeinsamen Krankenzimmer. Der eine durfte sich jeden Tag in seinem Bett eine Stunde lang aufsetzen, um die Flüssigkeit aus seiner Lunge zu entleeren. Sein Bett stand direkt am Fenster. Der andere Mann musste den ganzen Tag flach auf seinem Rücken liegen. Die Männer plauderten stundenlang, ohne Ende. Sie sprachen über ihre Frauen, ihre Familien, ihre Berufe, was sie während des Militärdienstes gemacht hatten und wo sie in ihren Ferien waren.

Jeden Nachmittag, wenn der Mann in dem Bett am Fenster sich aufsetzen durfte, verbrachte er seine Zeit, indem er dem Zimmerkameraden alle Dinge beschrieb, die er außerhalb des Fensters sehen konnte. Der Mann in dem anderen Bett begann geradezu, für diese eine Stunde zu leben, in denen seine Welt erweitert und belebt wurde durch die Vorgänge und

Farben der Welt da draußen! Das Fenster überblickte einen Park mit einem reizvollen See. Enten und Schwäne spielten auf dem Wasser und Kinder ließen ihre Modellboote segeln. Junge Verliebte spazierten Arm in Arm zwischen den Blumen aller Farben und eine tolle Silhouette der Stadt war in der Ferne zu sehen. Als der Mann am Fenster all diese Dinge in wunderbaren Einzelheiten schilderte, schloss der Mann auf der anderen Seite des Zimmers seine Augen und stellte sich das malerische Bild vor.

An einem warmen und sonnigen Tag beschrieb der Mann am Fenster wie ein Schützenverein mit Musikkapelle und vielen Menschen vorbeigingen. Obwohl der Mann, der immer im Bett lag, die Musik nicht hören konnte, konnte er sich doch den Umzug mit seinem geistigen Auge vorstellen, da der Mann am Fenster sie mit solch eindrucksvollen Worten beschrieb. Tage und Wochen vergingen. Eines Morgens, als die Schwester gerade kam, um die beiden Männer zu waschen, fand sie den

Mann am Fenster leblos vor - er war fried-lich im Schlaf gestorben. Sie war traurig und holte einen Pfleger, damit er den Toten wegbringt. Sobald es passend erschien, frag-te der andere Mann, ob er jetzt in das Bett am Fenster wechseln könnte. Die Schwester erlaubte das gerne und sobald er bequem zu liegen schien, ließ sie ihn allein.

Langsam und schmerzvoll stützte er sich mühe-voll auf seinen Ellbogen um einen ersten Blick auf die Welt da draußen zu werfen. Er strengte sich an und drehte sich zur Seite um aus dem Fenster neben dem Bett zu sehen. Gegenüber dem Fenster war eine Wand. Der Mann rief die Schwester und fragte sie, was sei-nen Zimmerkameraden dazu bewegt haben könnte, so wunderbare Dinge außerhalb des Fensters zu beschreiben? Die Schwester ant-wortete, dass der Mann blind war und nicht einmal die Wand gegenüber sehen konnte. Sie sagte: „Vielleicht wollte er sie aufmuntern."

Spuren am Weg

Es war einmal ein Vater, der zwei Söhne hatte. Je älter und gebrechlicher er wurde, desto mehr dachte er über sein Leben nach. Und manchmal kamen ihm Zweifel, ob er seinen Söhnen wohl das Wichtigste für ihr Leben weitergegeben hatte.

Weil ihn diese Frage nicht losließ, beschloss der Vater seine Söhne mit einem besonderen Auftrag auf eine Reise zu schicken. Er ließ sie zu sich kommen und sagte: „Ich bin alt und gebrechlich geworden. Meine Spuren und Zeichen werden bald verblassen. Nun möchte ich, dass Ihr in die Welt hinaus geht und dort Eure ganz persönlichen Spuren und Zeichen hinterlasst."

Die Söhne taten, wie ihnen geheißen und zogen hinaus in die Welt. Der Ältere begann sogleich eifrig damit, Grasbüschel zusammenzubinden, Zeichen in Bäume zu schnitzen, Äste zu knicken und Löcher zu graben, um seinen Weg zu kennzeichnen. Der jüngere Sohn jedoch sprach mit den Leuten, denen er begegnete, er ging in die Dörfer und feierte, tanzte und spielte mit den Bewohnern. Da wurde der ältere Sohn zornig und dachte bei sich: „Ich arbeite die ganze Zeit und hinterlasse meine Zeichen, mein Bruder aber tut nichts."

Nach einiger Zeit kehrten sie zum Vater zurück. Der nahm dann gemeinsam mit seinen Söhnen seine letzte und beschwerliche Reise auf sich, um ihre Zeichen zu sehen. Sie kamen zu den gebundenen Grasbüscheln. Der Wind hatte sie verweht und sie waren kaum noch zu erkennen. Die gekennzeichneten Bäume waren gefällt worden und die Löcher, die der ältere der beiden Söhne gegraben hatte, waren fast alle bereits wieder zugeschüttet.

Aber wo immer sie auf ihrer Reise hinkamen, liefen Kinder und Erwachsene auf den jüngeren Sohn zu und freuten sich, dass sie ihn wiedersahen und luden ihn zum Essen und zum Feiern ein. Am Ende der Reise sagte der Vater zu seinen Söhnen: „Ihr habt beide versucht, meinen Auftrag, Zeichen zu setzen und Spuren zu hinterlassen, zu erfüllen. Du, mein älterer, hast viel geleistet und gearbeitet, aber deine Zeichen sind verblichen. Du, mein jüngerer, hast Zeichen und Spuren in den Herzen der Menschen hinterlassen. Diese bleiben und leben weiter." Herbert Stiegler

Der Geschichtenerzähler

Ein paar Monate bevor ich geboren wurde, begegnete mein Vater einem Fremden, der neu in der Stadt war. Vom ersten Moment an war mein Vater völlig fasziniert von diesem Fremden und brachte ihn mit zu uns nach Hause. Irgendwie ergab es sich so, dass er ein-

fach bei uns blieb. Er wurde schnell von allen Familienmitgliedern akzeptiert und war natürlich auch zur Stelle, um mich neuen Einbürger einige Wochen später zu begrüßen.

Während ich aufwuchs, stellte ich seine Anwesenheit in unserem Haus nie in Frage. Für mich hatte jedes Familienmitglied seine eigene Kategorie. Mein Bruder Bill, der fünf Jahre älter war als ich, war mein Vorbild. Meine jüngere Schwester Frannie gab mir Gelegenheit, mich als großer Bruder aufzuführen und jemanden zu ärgern. Meine Eltern waren meine Lehrer und Helden. Aber der Fremde war der Geschichtenerzähler. Er konnte die tollsten Storys auspacken und hatte ein endloses Repertoire an Abenteuern, Geheimnissen und spaßigen Ereignissen. Er konnte unsere ganze Familie stundenlang in seinen Bann ziehen.

Wenn ich etwas über Politik, Geschichte oder Wissenschaft wissen wollte, konnte er es mir sagen. Er kannte die Vergangenheit, begriff die Gegenwart und konnte anscheinend auch in die Zukunft sehen. Die Bilder, die er heraufbeschwor, waren so lebensecht, dass ich manchmal lachte oder weinte, wenn er erzählte. Er war für unsere Familie wie ein Freund. Er nahm Papa, Bill und mich zu unserem ersten großen Baseballspiel mit. Er ermöglichte es uns, so manchen Kinofilm zu sehen und stellte uns sogar große Filmstars wie John Wayne ganz persönlich vor.

Der Fremde war ein erstklassiger Unterhalter und fesselte die Aufmerksamkeit aller Anwesenden. Meinen Vater schien das nicht zu stören, aber meine Mutter stand manchmal auf und ging hinaus, während wir anderen wie gebannt einer seiner Geschichten aus fernen Welten lauschten. Sie ging dann leise in ihr Zimmer, las in der Bibel und betete. Ich frage mich heute, ob sie manchmal darum gebetet hat, dass der Fremde unser Haus verlässt.

Eigentlich hatte mein Vater recht eindeutige moralische Grundsätze. Aber der Fremde sah

offenbar nie einen Anlass, sie zu respektieren. Zum Beispiel waren schmutzige Ausdrücke in unserem Haus nicht erlaubt. Der Fremde aber benutzte immer wieder schlimme Wörter, die meine Ohren zum Brennen brachten und meinen Vater zusammenzucken ließen. Doch meines Wissens wurde er deshalb nie zur Rede gestellt oder des Hauses verwiesen. Mein Vater wollte auch keinen Alkohol im Haus haben - nicht mal etwas Weißwein zum Kochen. Doch der Fremde schien zu denken, dass wir ein bisschen Auflockerung brauchen konnten und zeigte uns andere Lebensweisen. Oft ging es in seinen Geschichten um Bier, Partys und Besäufnisse.

Er ließ auch das Rauchen verlockend erscheinen. Zigarrenraucher waren männlich und Pfeifenraucher distinguiert. Er sprach sehr offen und häufig über Sex. Seine Kommentare waren manchmal ganz anzüglich, manchmal suggestiv und im Großen und Ganzen ziemlich unverschämt. Ich weiß heute, dass meine frühen Ansichten zu Beziehungen zwischen

Mann und Frau sehr stark von ihm geprägt waren.

Wenn ich zurückblicke, glaube ich, dass es allein Gottes Gnade war, die verhinderte, dass uns der Fremde noch stärker beeinflusste. Immer und immer wieder stellte er die Werte meiner Eltern in Frage und forderte sie heraus. Selten wurde er dafür kritisiert und niemals aus dem Haus geworden.

Mehr als 30 Jahre sind vergangen, seit der Fremde bei uns eingezogen ist. Mein Vater ist längst nicht mehr so begeistert von ihm wie früher, aber wenn man ins Wohnzimmer meiner Eltern kommt, hockt er immer noch da in der Ecke und wartet darauf, dass ihm jemand Aufmerksamkeit schenkt.
Wie er heißt?
Wir nannten ihn immer Fernseher.

Des Teufels Lieblingswaffe

Eines Tages beschließt der Teufel, sich aus dem Geschäft zurückzuziehen. Er verkauft seine Waffen an Bestbieter. Sorgfältig werden die Preise ausgeschildert: für Schurkerei, Neid, Hass ...

Ein scheinbar harmloses Werkzeug wird mit einem exorbitant hohen Preis versehen. Das weckt die Neugier eines potentiellen Käufers, und er erkundigt sich. „Ja, das da ist die Entmutigung." erwidert der Böse und kann sich ein boshaftes Lächeln nicht verkneifen. „Aber warum so teuer?" „Weil es eine der besten Waffen ist ..."

Interessiert betrachtet der Klient den Gegenstand von allen Seiten. „Ich kann gar nicht glauben, dass dieses Ding so gefährlich sein soll." „Schauen Sie, die Schüler dort," der Teufel grinst, wird wieder ganz der Alte. „Seit einer Woche gehen sie in die Schule. Sind voller guter Vorsätze. Mit dem Instrument strecke ich das kleine Volk im Handumdrehen nieder ..."

Der Teufel ist ganz aufgemöbelt. Er wird dem Grünschnabel seine Lieblingswaffe vorführen: „So schnell können Sie gar nicht schauen - und ich habe die Hälfte entmutigt. Für den Rest setze ich Eltern und Professoren ein. Einige arbeiten bestens mit: negative Äußerungen, willkürliche Noten und Urteile, massiver Druck. Wenn sie sich auf meine Seite stellen, dauert es nicht lang und wir machen die besten Schüler nieder. Dann bleibt mir nur mehr, die Waffe gegen sie selbst zu richten, und ganze Familien werden zerstört.

Regel Nr. 1, geschätzter Kunde: die Vergangenheit in düsteren Farben malen. Im September werfen die meisten Eltern einen Blick auf das letzte Jahr, um daraus Schlüsse zu ziehen, die sich aufdrängen. Da muss man verhindern, mit ihrem Nachwuchs das zu betrachten, was dessen Wachstum gefördert und Erfolg ermöglicht hätte. Manche Eltern konzentrieren sich auf die Schulprobleme, ohne das Rundherum zu sehen: Kameradschaft, sportliche Erfolge, Hilfsbereitschaft ... Sie sehen nur, was schiefgelaufen ist, stellen das Verpatzte ins Licht und schließen so ihren Nachwuchs in den Fehlschlägen ein. Das sind mir die liebsten, sie machen meinen Job bestens.

Regel Nr. 2: die Zukunft untergraben. Die Jungen sollen nur ja keine Träume, keine Projekte, kein Verlangen entwickeln. Um sie maximal zu demotivieren, zeige ich ihnen eine Welt ohne Zukunft, ich rede von Arbeitslosigkeit, Aids, Umweltverschmutzung. Zugegeben: die Medien helfen da sehr. Ich liebe es, ihnen Angst einzujagen (sehr wirksam, die Angst: sie nimmt jeden Elan ...). Kurzum, ich zeige ihnen, dass ihr Leben keinerlei Sinn hat und bringe sie dazu, Nabelbeschau zu betreiben. Dann haben sie sicher keine Lust, über sich hinauszuwachsen! Sollten sie sich aber betätigen wollen, finde ich sofort jemanden, der ihnen unerreichbare Ziele vorgibt. Das entmutigt sie innerhalb kürzester Zeit.

Regel Nr. 3, lieber Freund: die Gegenwart miesmachen. Am wirksamsten sind die Gleichgültigkeit (‚Ist ja dein Leben, nicht meines‘) oder im Gegenteil übertriebenes Einmischen in Schulsachen. Ich hetze Eltern gegen Lehrer auf, wenn es um Noten geht, halte sie an, die Kinder zu vergleichen (‚Mach's wie dein Bruder‘; ‚Wie ich so alt war wie du …‘) und verhätschle jene, die sie verbal niedermachen (‚Du bist eine Null‘, ‚Aus dir wird nichts im Leben‘) … Das reinste Vergnügen!"

Der potentielle Kunde ist beeindruckt. „Gegen Ihre Entmutigung ist wirklich kein Kraut gewachsen?"

Der Teufel ringt die Hände. „Es gibt ein einziges Gegenmittel: das Vertrauen. Eine noch schrecklichere Waffe als mein ganzes Arsenal zusammengenommen ist das Vertrauen. Eine Mischung aus Glaube und Wohlwollen, Liebe und Zuversicht. Vertrauen ist die Geheimwaffe der Christen. Zuversicht ist vorausschauend, hebt das hervor, was funktioniert, sieht die Stärken, die Erfolge, die Fortschritte, selbst die kleinsten. Vertrauensvolle Eltern sehen ihre Kinder mit den Augen Gottes. Vertrauen hat das Reich Gottes im Blick."

„Und dagegen sind Sie machtlos?"

„Restlos, wirklich vollkommen machtlos."

Juliette Levivier

Die Fabel vom Frosch

Es war einmal ... ein Wettlauf der Frösche. Das Ziel war es, auf den höchsten Punkt eines großen Turmes zu gelangen. Es versammelten sich viele andere Frösche, um zuzusehen und ihre Artgenossen anzufeuern. Der Wettlauf begann.

In Wirklichkeit glaubte keiner von den Zuschauern daran, dass auch nur ein Frosch auf die Spitze des Turmes gelangen könnte. Und alles, was man hörte, waren Sätze wie: „Die Armen! Sie werden es nie schaffen!"

Die Frösche begannen einer nach dem anderen aufzugeben. Außer einem, der weiterhin versuchte, auf die Spitze des Turmes zu klettern. Die Zuschauer fuhren fort und sagten: „Die Armen! Sie werden es nie schaffen!" Und die Frösche gaben sich geschlagen - außer dem einen Dickschädel, der nicht aufgab.

Schlussendlich hatten alle Frösche ihr Vorhaben abgebrochen - nur jener Frosch hatte allein und unter großer Anstrengung die Spitze des Turmes erreicht. Die anderen wollten von ihm wissen, wie er das geschafft hatte. Einer der anderen Frösche näherte sich ihm, um zu fragen, wie er es geschafft hätte, den Wettlauf zu gewinnen.

Da merkten sie, dass ... er taub war.

Die Hoffnung

Es war eine kleine Frau, die den staubigen Feldweg entlang kam. Sie war wohl schon recht alt, doch ihr Gang war leicht, und ihr Lächeln hatte den frischen Glanz eines unbekümmerten Mädchens. Bei der zusammengekauerten Gestalt blieb sie stehen und sah hinunter. Sie konnte nicht viel erkennen.

Das Wesen, das da im Staub auf dem Wege saß, schien fast körperlos. Sie erinnerte an eine graue Flanelldecke mit menschlichen Konturen. Die kleine Frau bückte sich ein wenig und fragte: „Wer bist du?"

Zwei fast leblose Augen blickten müde auf. „Ich? Ich bin die Traurigkeit", flüsterte die Stimme stockend und leise, dass sie kaum zu hören war. „Ach, die Traurigkeit!" rief die kleine Frau erfreut aus, als würde sie eine alte Bekannte grüßen.

„Du kennst mich?" fragte die Traurigkeit misstrauisch. „Natürlich kenne ich dich! Immer wieder hast du mich ein Stück des Weges begleitet."

„Ja, aber ...", argwöhnte die Traurigkeit, „warum flüchtest du dann nicht vor mir? Hast du denn keine Angst?" „Warum sollte ich vor dir davonlaufen, meine Liebe? Du weißt doch selbst nur zu gut, dass du jeden Flüchtling einholst. Aber, was ich dich fragen will: Warum siehst du so mutlos aus?"

„Ich bin traurig", antwortete die graue Gestalt mit brüchiger Stimme. Die kleine alte Frau setzte sich zu ihr. „Traurig bist du also", sagte sie und nickte verständnisvoll mit dem Kopf. „Erzähl mir doch, was dich so bedrückt."

Die Traurigkeit seufzte tief. Sollte ihr diesmal wirklich jemand zuhören wollen? Wie oft hatte sie sich das schon gewünscht. „Ach, weißt du", begann sie zögernd und äußerst verwundert, „es ist so, dass mich einfach niemand mag.

Es ist nun mal meine Bestimmung, unter die Menschen zu gehen und für eine gewisse Zeit bei ihnen zu verweilen. Aber wenn ich zu ihnen komme, schrecken sie zurück. Sie fürchten sich vor mir und meiden mich wie die Pest."

Die Traurigkeit schluckte schwer. „Sie haben Sätze erfunden, mit denen sie mich bannen wollen. Sie sagen: Papperlapapp, das Leben ist heiter. Und ihr falsches Lachen führt zu Magenkrämpfen und Atemnot. Sie sagen: Gelobt sei, was hart macht. Und dann bekommen sie Herzschmerzen. Sie sagen: Man muss sich nur zusammenreißen. Und spüren das Reißen in den Schultern und im Rücken. Sie sagen: Nur Schwächlinge weinen. Und die aufgestauten Tränen sprengen fast ihre Köpfe. Oder aber sie betäuben sich mit Alkohol und Drogen, damit sie mich nicht fühlen müssen."

„Oh ja", bestätigte die alte Frau, „solche Menschen sind mir schon oft begegnet." Die Traurigkeit sank noch ein wenig mehr in sich zusammen. „Und dabei will ich den Menschen doch nur helfen. Wenn ich ganz nah bei ihnen bin, können sie sich selbst begegnen. Ich helfe ihnen, ein Nest zu bauen, um ihre Wunden zu pflegen. Wer traurig ist, hat eine besonders dünne Haut. Manches Leid bricht wieder auf, wie eine schlecht verheilte Wunde, und das tut sehr weh. Aber nur, wer die Trauer zulässt und all die ungeweinten Tränen weint, kann seine Wunden wirklich heilen. Doch die Menschen wollen gar nicht, dass ich ihnen dabei helfe. Statt dessen schminken sie sich ein grelles Lachen über ihre Narben. Oder sie legen sich einen dicken Panzer aus Bitterkeit zu." Die Traurigkeit schwieg. Ihr Weinen war erst schwach, dann stärker und schließlich ganz verzweifelt.

Die kleine, alte Frau nahm die zusammengesunkene Gestalt tröstend in ihre Arme. Wie weich und sanft sie sich anfühlte, dachte sie und streichelte zärtlich das zitternde Bündel. „Weine nur, Traurigkeit", flüsterte sie liebevoll, „ruh dich aus, damit du wieder Kraft sammeln kannst. Du sollst von nun an nicht mehr alleine wandern. Ich werde dich begleiten, damit die Mutlosigkeit nicht noch mehr an Macht gewinnt."

Die Traurigkeit hörte auf zu weinen. Sie richtete sich auf und betrachtete erstaunt ihre neue Gefährtin: "Aber ... aber - wer bist eigentlich du?" "Ich?", sagte die kleine, alte Frau schmunzelnd, und dann lächelte sie wieder so unbekümmert wie ein kleines Mädchen. "Ich bin die Hoffnung."

Die Macht und die Liebe

Am Anfang der Zeit war es so:
Die Macht und die Liebe wurden als Zwillinge geboren. Ihre Mutter war die Weisheit, ihr Vater der Mut. Die Geschwister wuchsen glücklich miteinander auf, und ihre Eltern hat-

ten Freude an ihnen. Sie waren unzertrennlich und überall, wo sie hinkamen, schenkten sie Leben in Fülle. Sie überraschten die Menschen in ihren Häusern oder auf ihren Straßen und hinterließen glückliche Gesichter. Sie stifteten Frieden zwischen den Parteien und Völkern, sie verteilten die Güter dieser Welt gerecht, sie machten die Armen reich und die Reichen glücklicher. Die Macht und die Liebe waren ein Herz und eine Seele, und wo sie in den Häusern der Menschen Platz fanden, da änderte sich alles zum Guten. So wanderten sie durch die ganze Welt.

Eines Tages begegneten sie auf ihrem Weg dem Neid. Der Neid hatte sich fein herausgeputzt und sah recht stattlich aus. Sein Gewand glitzerte in der Sonne, und sein Geschmeide funkelte nur so im Licht.

„Ich sehe Dich stets im Schatten der Liebe", sagte der Neid zur Macht. „So kannst Du nie etwas werden. Geh mit mir! Da wirst Du größer und stärker. Du wirst sehen: Die

Menschen werden Dir die Hände und Füße küssen, sie werden Dir schmeicheln und Dir Opfer darbringen, sie werden Dir ihre Seele verkaufen, nur um Dich zu besitzen."

Die Macht war wie geblendet. Sie dachte eine Weile nach. Dann sagte sie zur Liebe: „Der Neid hat recht. Lass uns für eine Zeit selbständig entwickeln. Keine ist mehr von der anderen abhängig, keine braucht mehr auf die andere Rücksicht nehmen. Ich werde derweil beim Neid in die Lehre gehen. Vielleicht treffen wir uns später einmal wieder."

Ehe die Liebe antworten konnte, waren die Macht und der Neid schon hinter der nächsten Ecke verschwunden. Die Liebe sah noch, wie der Neid der Macht den Vortritt ließ. Ohnmächtig stand nun die Liebe am Wegrand und weinte. Sie erlebte sich schwach und kraftlos ohne die Macht. Sie spürte, wie sie allein nicht leben konnte. Wie ein Schatten legte sich die Angst auf sie, die Angst sich zu verirren, zu verletzen und nicht verstanden zu werden.

Die Macht fühlte sich unterdessen frei und ungebunden. Der Neid störte sie nicht, weil er immer einen Schritt zurückblieb und ihr den Vortritt ließ. Die Macht merkte, wie sie größer und größer wurde. Aber mit der Größe wuchs auch ihre Kälte. Es gefiel ihr, wenn sich Menschen vor ihr verkrochen oder ihr alles opferten, um sich mit ihr zu verbinden.

Sie bestieg einen großen Thron und ließ sich über die Köpfe der Menschen tragen. Sie genoss es, umjubelt zu werden. Die Macht hatte die Liebe bald vergessen. Sie umgab sich mit Waffen und Soldaten. Sie raubte den Armen den Frieden und vertrieb sie aus ihrer Heimat. Nur wer ihr die Seele verkaufte, durfte sich in ihrer Nähe aufhalten und sicher fühlen. Hinter ihr aber folgte stets der Neid.

In der Welt wurde nun alles anders. Die Kriege unter den Menschen nahmen an Heftigkeit zu. Die Liebe war zu ohnmächtig um sie zu verhindern. Viele erkannten sie auch nicht wieder und verwechselten sie mit dem Egoismus oder mit der Schwäche. Sie hatte nicht mehr die Kraft, das Böse in die Schranken zu verweisen. Habgier und Gleichgültigkeit wuchsen. Die Natur wurde ausgeplündert und zertreten. Es wurde dunkler und kälter in der Welt. Menschen und Tiere begannen zu frieren. Sie wurden krank und starben einsam dahin.

Da beschloss die Liebe, die Macht zu suchen und sie machte sich auf, auch wenn der Weg weit war. Eines Tages begegneten sie sich auf einer Kreuzung. Die Macht kam groß und gewaltig daher. Vor ihr und hinter ihr waren Wächter, bis unter die Zähne bewaffnet, die sie beschützen mussten. Die Macht sah dunkel aus. Sie war eingehüllt in einen dicken, schwarzen Mantel. Ihr Gesicht war kaum noch zu sehen. Der Mantel aber war über und über mit Orden behaftet. Rechts und links trug man ihre Titel, damit die Menschen vor ihr in die Knie gingen.

Die Liebe nahm ihren ganzen Mut und ihre Weisheit zusammen, die sie von ihren Eltern geerbt hatte, und stellte sich der Macht in den Weg. „Du siehst unglücklich aus", sagte die Liebe und blickte der Macht gerade ins Gesicht. „Früher hast Du gestrahlt und warst schön." - „Geh mir aus dem Weg", sagte die Macht, ich kenne Dich nicht". - „Erinnerst Du Dich nicht", sagte die Liebe, „wie wir miteinander durch die Welt zogen. Du trugst ein leichtes Kleid, Du konntest tanzen und springen, Du liefst mit mir zu den Menschen, und sie alle nahmen uns mit offenen Armen auf. Wir konnten Frieden stiften, und alle hatten alles gemeinsam. Du warst mit mir mächtig ohne Waffen. Du brauchtest Dich nicht zu schützen, und hinter Dir zog nicht der Neid. Lass uns weiter miteinander ziehen. Schick sie alle weg, die Dich jetzt umgeben und fernhalten von den Menschen und von mir. Auch ich brauche Dich, denn ohne Dich bin ich schwach und ohnmächtig. Ohne Dich glauben mir die Menschen nicht. Sie lachen mich aus, verletzen und missbrauchen mich."

Während die Liebe diese und andere Worte

sprach, wurde der Macht immer wärmer und weil auch die Macht ein Kind der Weisheit und des Mutes war, taute sie langsam auf und wurde kleiner und kleiner, bis sie wieder so groß war wie die Liebe. Da glitt der Mantel von ihrer Schulter, und die Orden zersprangen am Boden. Die Wächter fielen tot um, und die Titel flogen im Wind davon.

Ehe sich die Liebe und Macht versahen, standen sie sich allein gegenüber. Da lachten sie einander zu und fielen sich in die Arme. Der Neid, der die Macht begleitet hatte, war gewichen, und von der Liebe war der Schatten der Angst geflohen.

Seither gehen sie wieder miteinander, die Liebe und die Macht. Und sie sind stark geworden, die beiden. Und wenn du sie triffst, dann halte sie fest und warte, bis ich komme, damit ich mit euch ziehen kann.

Wilhelm Bruners

Treues Gebet

Was meine Großmutter uns aus der Bibel erzählte, das lebte sie uns im täglichen Leben vor. Sie war still, sonnig, immer freundlich und war eine treue Beterin. Ihr ganzes Leben war ein einziges Lieben und Ertragen von unsagbaren Nöten. Sie lebte an der Seite eines Mannes, der gerade das Gegenteil war. Hart, undankbar, ichsüchtig, ein Flucher, der nie zufrieden war. Hatte er seinen „schlimmen Tag", so mussten wir eilends das Haus verlassen. Schon an der Tür klärte sie uns liebend auf und meinte: „Kinderchen, geht schnell, der Nordwind weht! Betet für den Großvater, er geht sonst verloren!" Oft verstanden wir die Großmutter nicht mehr und sagten: „Wenn er so ist, dann hat er es auch nicht anders verdient!"

Als ich einmal zu ihr sagte: „Großmutter, gib doch dein Beten für den Großvater auf, es hat doch keinen Sinn, er wird ja immer nur

noch schlimmer zu dir", da nahm sie mich an der Hand und führte mich in die Küche. Dort stellte sie eine Küchenwaage auf den Tisch und gab mir folgende Erklärung: „Diese Küchenwaage hat zwei Waagschalen. Nun stell dir einmal vor, Gott habe eine solche Waage für uns bereitgestellt. Hier wird alles, was wir tun, gewogen. Und nun denke dir, in der einen Waagschale sitzt dein schwer gebundener, hartherziger Großvater. Er hat mit seinem steinernen Herzen schon ein ganz beachtliches Gewicht. In der andern Schale aber liegen die schwachen Gebete deiner Großmutter und die von euch Kindern.

Vergleichst du so ein Gebet mit dem Gewicht eines Kalenderzettels, so ist dies, im Vergleich zu dem schweren Großvater, gar nichts! Nimmst du aber einen Jahreskalender mit 365 Zettelchen auf die Hand, dann ist es schon ein wenig schwerer. Und nun denke dir 50 ganze Kalender! Die sind schon gehörig schwer! So lange bete ich jetzt für den Großvater. Ich bin überzeugt, es kann nicht mehr viel fehlen, bis unsere Gebete mehr wiegen als Großvater, und sie werden ihn zum Himmel emporziehen. Wäre es nicht schade, wenn wir jetzt müde würden in unserm Beten? Wenn du täglich treu mit betest, wird Gott uns erhören."

Und so betete ich noch sieben Jahre mit der Großmutter um die Errettung des Großvaters. Nachdem sie 57 Jahre im Gebet für ihren armen Mann durchgehalten hatte, nahm der Herr Jesus sie zu sich. Sie starb, ohne die Freude der Bekehrung des Großvaters erlebt zu haben.

Erst am Sarge der Großmutter brach der hartherzige Großvater zusammen und übergab sein Leben dem Heiland mit unbeschreiblichen Reuetränen. Gerade ich, die vor sieben Jahren noch der Großmutter den Rat gab, nicht mehr zu beten, durfte mit dem 83-jährigen Greis niederknien und seine Umkehr erleben. Der einst so gefürchtete Tyrann wurde zu einem sanften, liebenden, treu betenden Großvater, der jeden seiner Besucher unter

Tränen ermahnte, sein Leben dem Herrn zu geben. Das Gewicht der Gebetswaagschalen hatte also den alten Großvater doch noch nach oben gezogen. Und Großmutter darf nun im Himmel dafür danken. C. H. Spurgeon

Was ist das Leben

An einem schönen Sommertage war um die Mittagszeit eine Stille im Wald eingetreten. Die Vögel steckten ihre Köpfe unter die Flügel. Alles ruhte.

Da steckte der Buchfink sein Köpfchen hervor und fragte: Was ist das Leben?
Alle waren betroffen über diese schwere Frage. Eine Rose entfaltete ihre Knospe und schob behutsam ein Blatt ums andere heraus.
Sie sprach: Das Leben ist eine Entwicklung.

Weniger tief veranlagt war der Schmetterling. Lustig flog er von einer Blume zur anderen, naschte hier und dort und sagte:
Das Leben ist lauter Freude und Sonnenschein.

Drunten am Boden schleppte sich eine Ameise mit einem Strohhalm, der zehnmal länger als sie selbst war, und sagte: Das Leben ist nichts als Mühe und Arbeit.

Geschäftig kam eine Biene von einer honighaltigen Blume zurück und meinte dazu:
Das Leben ist ein Wechsel von Arbeit und Vergnügen.

Wo so weise Reden geführt wurden, steckte auch der Maulwurf seinen Kopf aus der Erde und sagte:
Das Leben ist ein Kampf in Dunkel.

Die Elster, die selbst nichts weiß, und nur vom Spott der anderen lebt, sagte: Was ihr für weise Reden führt! Man sollte wunder meinen, was ihr für gescheite Leute seid!

Es hätte nun fast einen großen Streit gegeben, wenn nicht ein feiner Regen eingesetzt hätte, der sagte: Das Leben besteht aus Tränen, nichts als Tränen.

Dann zog er weiter zum Meer.

Dort brandeten die Wogen und warfen sich mit Gewalt gegen die Felsen, kletterten daran in die Höhe und warfen sich dann wieder mit gebrochener Kraft ins Meer zurück und stöhnten: Das Leben ist ein stetes, vergebliches Ringen nach Freiheit.

Hoch über ihnen zog ein Adler majestätisch seine Kreise, der frohlockte:
Das Leben ist ein Streben nach oben.

Nicht weit davon stand eine Weide, die hatte der Sturm schon zur Seite geneigt. Sie sprach: Das Leben ist ein Sich-Neigen unter einer höheren Macht.

Dann kam die Nacht ...

Im lautlosen Flug glitt ein Uhu durch das Geäst des Waldes und krächzte:
Das Leben heißt, die Gelegenheit nutzen, wenn die anderen schlafen.

Schließlich wurde es still im Walde.

Nach einer Weile ging ein Mann durch die menschenleeren Straßen nach Hause. Er kam von einer Lustbarkeit und sagte so vor sich hin:
Das Leben ist ein ständiges Suchen nach Glück und Erfolg sowie eine Kette von Enttäuschungen.

Auf einmal flammte die Morgenröte in ihrer vollen Pracht auf und sprach:
Wie ich, die Morgenröte, der Beginn des kommenden Tages bin, ist das Leben der Anbruch der Ewigkeit.

Ein schwedisches Waldmärchen

Gottes Wille

Ein frommer Mann, der versuchte, nach Gottes Willen zu leben, wohnte in einem Tal auf dem Lande. Eines Tages ging ein starker Regen auf sein Tal nieder, und es gab eine Überschwemmung. Der Mann begab sich vom ersten ins zweite Stockwerk, während der Regen weiter fiel. Schließlich kletterte er auf das Dach.

Ein Rettungsboot kam vorbei und bot an, ihn in Sicherheit zu rudern, doch der Mann schickte die Leute fort und sagte: „Ich habe volles Vertrauen auf Gott. Ich bete und glaube und vertraue, dass er für mich sorgen wird." So verließ ihn das Ruderboot. Der Sturm ging weiter, es regnete unaufhörlich, und bald schon stand ihm das Flutwasser bis zum Hals. Ein zweites Rettungsboot kam zu seiner Rettung. Auch das wurde wieder fortgeschickt. „Ich habe Glauben und vertraue auf Gott. Ich bete und glaube." Es regenete weiter, und das

Wasser stieg so hoch, dass der Mann kaum noch durch Mund und Nase atmen konnte.

Ein Hubschrauber flog über ihm und ließ eine Strickleiter zu seiner Rettung hinunter. „Komm rauf", riefen sie, „wir werden dich in Sicherheit bringen". - „Nein", erwiderte er und mit denselben Worten wie zuvor: „Ich habe Glauben an Gott. Ich bete und glaube und vertraue, und ich folge ihm." Und er schickte den Hubschrauber fort. Allerdings regnete es trotzdem weiter, das Wasser stieg und stieg, und schließlich ertrank er in den Fluten.

Er kam in den Himmel, wo ihm nach einer Weile eine Audienz mit Gott gewährt wurde. Er trat ein und durfte vor dem Allmächtigen Platz nehmen. Er begann zu fragen: „Ich hatte so großen Glauben an dich. Ich glaubte so vollständig. Ich betete und versuchte, deinem Willen zu folgen. Ich verstehe das einfach nicht." Da kratzte Gott sich am Kopf und sagte: „Ich verstehe das auch nicht! Ich schickte dir doch zwei Ruderboote und einen Hubschrauber."

Die Perle

Ein kleines Mädchen, das von allen ausgenutzt und verstoßen wurde, lief traurig von zu Hause weg. Es lief und lief, bis es zu einem großen See kam. Dort setzte es sich müde, verlassen und hungrig hin und weinte bitterlich. Plötzlich sah das Mädchen auf dem Grund des klaren Wassers etwas, das funkelte und blitzte.

Neugierig und mutig sprang es in das tiefe Wasser, um den Schatz ans Land zu holen. Das Mädchen tauchte und fasste eine Muschel. Mit geübter Hand brach es sie vorsichtig auf. Vor ihm lag ein Wunder: Eine schöne Perle, die wie ein Tautropfen in allen Regenbogenfarben, schimmerte. Das Mädchen staunte und wusste, dass es etwas gefunden hatte, das einmalig und unbezahlbar war.

Die kostbare Perle, die in der Hand des Mädchens ruhte, strahlte und sagte leise: „Sei nicht traurig! Hör zu, ich will dir meine

Geschichte erzählen: Eines Morgens stürzte ich als Tautropfen kopfüber ins Meer. Von den Wellen wurde ich mitgerissen. Verzweifelt versuchte ich mich zu retten. Da hörte ich eine Stimme: ‚Komm in mein Haus!' Blindlings folgte ich dem rettenden Ruf. Hinter mir schlossen sich die Schalen einer Muschel. Zuerst atmete ich dankbar auf, doch dann begriff ich, dass ich eingesperrt war, ich wehrte mich und jammerte: ‚Nun werde ich wohl nie mehr im Licht der Sonne in allen Regenbogenfarben leuchten.' Da sagte die weise Muschel: ‚Auflehnung und Trotz machen ohnmächtig und zerstören. Nimm dein Schicksal geduldig an, dann wird es dir leicht ums Herz. Von innen her wirst du dann immer fester, und eines Tages bist du ein kostbarer Schatz, eine wertvolle Perle. Wer dich findet, wird glücklich sein.'

Ich seufzte, weil ich das nicht so richtig verstehen konnte, aber von nun an lebte ich still und zufrieden. Ich spürte, dass etwas in mir wuchs und wuchs, was mich stark machte und mir viel Kraft gab. Aus Leid und Schmerzen bin ich geworden, was ich bin, ein Wunder in deiner Hand."

Das Mädchen hatte gut zugehört und ging getröstet nach Hause. Und immer, wenn es ihm ganz schwer ums Herz war, wenn es viel leiden und verkraften musste, dann schaute es auf die kostbare Perle und spürte, wie in ihm die Kraft wuchs und es stark machte.

Die Geschichte vom erhobenen Zeigefinger

Es war einmal ein großer, erhobener Zeigefinger, der sehr unzufrieden war mit seiner eigenen Situation:

Überall bekamen die Menschen, denen er vor-
gehalten wurde, ernste Mienen, schauten ihn
ehrfürchtig an und begannen zu grübeln.

Nur ganz selten begegnete ihm ein freudiges
Gesicht, und der Zeigefinger dachte dann
jedes mal, alles sei gar nicht so schlimm.
Doch es dauerte immer nur einen Augenblick,
dann schauten ihn aus den fröhlichsten Augen
betroffene Blicke an.

Dem erhobenen Zeigefinger gefiel das ganz
und gar nicht, und so begann er, den Menschen
vorzuhalten, dass sie doch fröhlicher sein sollten, nicht immer so ernst und so verkrampft,
nicht ganz so ehrfürchtig, dafür etwas erlöster.

Und weil die Menschen, die ihm zuhörten,
feststellten, wie wenig fröhlich sie waren, bekamen sie ein schlechtes Gewissen. Und wenn
der Zeigefinger ihnen erzählte, dass sie doch
an die anderen Menschen denken sollten und
sie mit Fröhlichkeit und Freude anstecken sollten, schauten sie betroffen zu Boden.

Je mehr der erhobene Zeigefinger ihnen vorhielt, dass sie doch eigentlich ganz anders sein müssten, eben freudiger, desto mehr verloren sie die Reste an Freude, die noch in ihnen geblieben war.

Nach einiger Zeit gab der Zeigefinger auf. „Die Menschen sind nicht mehr zu ändern", murmelte er leise und hörte auf, ihnen ins Gewissen zu reden. „Vielleicht gibt es die Freude ja gar nicht mehr", dachte er betrübt. Der nicht mehr so ganz erhobene Zeigefinger begann, seine Aufgabe zu vergessen und er bemerkte, dass er noch andere Fähigkeiten hatte, als sich zu erheben und Moralpredigten zu halten. Und um es einfach einmal auszuprobieren, tat er sich mit einigen anderen Fingern zusammen - insgesamt waren es zehn, glaube ich - und begann zu musizieren.

Ganz ohne Absicht, nur aus Spaß an der Musik, ging er nun ganz in seiner neuen Aufgabe auf. Und als er gerade mal einen Augenblick Zeit hatte (sein Nachbar, der Mittelfinger, spielte

soeben sein Solo), da bemerkte er viele auf-
merksame Gesichter, die ihm zusahen und
zuhörten. Und - was er nicht erwartet hatte
- auf den Gesichtern spielte das, was er immer
gepredigt hatte: Die Freude.

„Also, so was!", pfiff der Zeigefinger und spielte vergnügt weiter.

Vom Blumentopf und dem Bier

Wenn die Dinge in deinem Leben immer
schwieriger werden, wenn 24 Stunden im Tag
nicht genug sind, erinnere dich an diese
Geschichte: Ein Professor stand vor seiner
Philosophie-Klasse und hatte einige Gegen-
stände vor sich. Als der Unterricht begann,
nahm er wortlos einen sehr großen Blumentopf

und begann diesen mit Golfbällen zu füllen. Er fragte die Studenten, ob der Topf nun voll sei. Sie bejahten es. Dann nahm der Professor ein Behältnis mit Kieselsteinen und schüttete diese in den Topf. Er bewegte den Topf sacht und die Kieselsteine rollten in die Leerräume zwischen den Golfbällen. Dann fragte er die Studenten wiederum, ob der Topf nun voll sei. Sie stimmten zu.

Der Professor nahm als nächstes eine Dose mit Sand und schüttete diesen in den Topf. Natürlich füllte der Sand den kleinsten verbliebenen Freiraum. Er frage wiederum, ob der Topf nun voll sei. Die Studenten antworteten einstimmig „ja".

Der Professor holt zwei Dosen Bier unter dem Tisch hervor und schüttete den ganzen Inhalt in den Topf und füllte somit den letzten Raum zwischen den Sandkörnern aus. Die Studenten lachten. „Nun", sagte der Professor, als das Lachen langsam nachließ, „Ich möchte, dass Sie diesen Topf als die Repräsentation Ihres

Lebens ansehen. Die Golfbälle sind die wichtigen Dinge in Ihrem Leben. Ihre Familie, Ihre Kinder, Ihre Gesundheit, Ihre Freunde, die bevorzugten, ja leidenschaftlichen Aspekte Ihres Lebens, welche, falls in Ihrem Leben alles verloren ginge und nur noch diese verbleiben würden, Ihr Leben trotzdem noch erfüllend machten."

„Die Kieselsteine symbolisieren die anderen Dinge im Leben, wie Ihre Arbeit, Ihr Haus, Ihr Auto. Der Sand ist alles andere, die Kleinigkeiten."

„Falls Sie nun den Sand zuerst in den Topf geben", fuhr der Professor fort, „hat es weder Platz für die Kieselsteine noch für die Golfbälle. Dasselbe gilt für Ihr Leben. Wenn Sie all Ihre Zeit und Energie in Kleinigkeiten investieren, werden Sie nie Platz haben für die wichtigen Dinge. Achten Sie auf die Dinge, welche Ihr Glück gefährden. Spielen Sie mit den Kindern. Nehmen Sie sich Zeit für eine medizinische Untersuchung. Führen Sie Ihren

Partner zum Essen aus. Es wird immer noch Zeit bleiben, um das Haus zu reinigen oder Pflichten zu erledigen." „Achten Sie zuerst auf die Golfbälle, die Dinge, die wirklich wichtig sind. Setzen Sie Ihre Prioritäten. Der Rest ist nur Sand." Einer der Studenten erhob die Hand und wollte wissen, was denn das Bier repräsentieren soll. Der Professor schmunzelte. „Ich bin froh, dass Sie das fragen. Das Bier ist dafür da, Ihnen zu zeigen, dass, egal wie schwierig Ihr Leben auch sein mag, es immer noch Platz für ein oder zwei Bierchen gibt."

Der Zettel

Eines Tages bat eine Lehrerin ihre Schüler, die Namen aller anderen Schüler in der Klasse auf ein Blatt Papier zu schreiben und ein wenig Platz neben den Namen zu lassen. Dann sagte sie zu den Schülern, Sie sollten überlegen, was das Netteste ist, dass sie über jeden ihrer Klassenkameraden sagen können und das sollten sie neben die Namen schreiben. Es dauerte die ganze Stunde, bis jeder fertig war und bevor sie den Klassenraum verließen, gaben sie ihre Blätter der Lehrerin. Am Wochenende schrieb die Lehrerin jeden Schülernamen auf ein Blatt Papier und daneben die Liste der netten Bemerkungen, die ihre Mitschüler über den einzelnen aufgeschrieben hatten.

Am Montag gab sie jedem Schüler seine oder ihre Liste. Schon nach kurzer Zeit lächelten alle. „Wirklich?", hörte man flüstern. „Ich wusste gar nicht, dass ich irgend jemandem was bedeute!" und „Ich wusste nicht, dass mich andere so mögen", waren die Kommentare. Niemand erwähnte danach die Listen wieder.

Die Lehrerin wusste nicht, ob die Schüler sie untereinander oder mit ihren Eltern diskutiert hatten, aber das machte nichts aus. Die Übung hatte ihren Zweck erfüllt. Die Schüler waren glücklich mit sich und mit den anderen.

Einige Jahre später war einer der Schüler in Vietnam gefallen und die Lehrerin ging zum Begräbnis dieses Schülers. Die Kirche war überfüllt mit vielen Freunden. Einer nach dem anderen, der den jungen Mann geliebt oder gekannt hatte, ging am Sarg vorbei und erwies ihm die letzte Ehre. Die Lehrerin ging als letzte und betete vor dem Sarg. Als sie dort stand, sagte einer der Soldaten, die den Sarg trugen, zu ihr: „Waren Sie Marks Mathe Lehrerin?" Sie nickte: „Ja". Dann sagte er: „Mark hat sehr oft von Ihnen gesprochen."

Nach dem Begräbnis waren die meisten von Marks früheren Schulfreunden versammelt. Marks Eltern waren auch da und sie warteten offenbar sehnsüchtig darauf, mit der Lehrerin zu sprechen. „Wir wollen Ihnen etwas zeigen", sagte der Vater und zog eine Geldbörse aus seiner Tasche. „Das wurde gefunden, als Mark gefallen ist. Wir dachten, Sie würden es erkennen." Aus der Geldbörse zog er ein stark abgenutztes Blatt, das offensichtlich zusammengeklebt, viele Male gefaltet und auseinandergefaltet worden war. Die Lehrerin wusste ohne hinzusehen, dass dies eines der Blätter war, auf denen die netten Dinge standen, die seine Klassenkameraden über Mark geschrieben hatten. "Wir möchten Ihnen so sehr dafür danken, dass Sie das gemacht haben", sagte Marks Mutter. „Wie Sie sehen können, hat Mark das sehr geschätzt." Alle früheren Schüler versammelten sich um die Lehrerin.

Charlie lächelte ein bisschen und sagte: „Ich habe meine Liste auch noch. Sie ist in der obersten Lade in meinem Schreibtisch". Chucks Frau sagte: „Chuck bat mich, die Liste in unser Hochzeitsalbum zu kleben."

„Ich habe meine auch noch", sagte Marilyn. „Sie ist in meinem Tagebuch." Dann griff Vicki, eine andere Mitschülerin, in ihren Taschenkalender und zeigte ihre abgegriffene und ausgefranste Liste den anderen. „Ich trage sie immer bei mir", sagte Vicki und meinte dann: „Ich glaube, wir haben alle die Listen aufbewahrt." Die Lehrerin war so gerührt, dass sie sich setzen musste und weinte. Sie weinte um Mark und für alle seine Freunde, die ihn nie mehr sehen würden.

Der Engel an der Brücke

Ich traf auf meinem Weg einen jungen Mann, der ging auf und ab. Ich fragte, was er denn mache und er schaute mich an. Seine Augen waren voll Trauer und auch voll Wut. Sein Körper war geschwächt und doch konnte er nicht ruhen. Auf seinen Schultern lastete ein großes Paket – hier und da waren ein paar Löcher, wo wohl ein Stück des Inhalts fehlte; dennoch schien es dadurch nicht minder schwer.

Ich fragte, warum er denn nur ständig auf und ab gehe? Er sagte, dass er gerne über diese Brücke gehen wolle, um auf die wunderschöne Insel gegenüber der Schlucht zu gelangen, doch er wage es nicht, denn seine Last sei so schwer und die Brücke, die er passieren müsse, mache keinen stabilen Eindruck.

Ich fragte ihn, warum er denn die Last nicht ablegen würde, dann könnte er doch ohne weiteres die Brücke passieren. Er schaute mich entgeistert an – ohne sein Gepäck???
Nein, das ginge nicht!

Ich fragte ihn, was denn so Wichtiges in diesem Paket wäre, dass er es denn nicht hier lassen könne. Er lächelte und sagte stolz – es ist meine Vergangenheit.

Er ging auf und ab – sehnsüchtige Blicke folgten dem Weg auf diese wunderschöne Insel – mit Blumen und Früchten und frischem Wasser. Er war wirklich geschwächt, so bot ich ihm Wasser an – dankend trank er. Ich

fragte, ob er seine Last absetzen möge und auf die Insel gehen wolle. Vehement verneinte er – auf keinen Fall würde er seine so kostbare Vergangenheit absetzen, nur, um auf die Insel zu gelangen – es müsse doch schließlich auch einen anderen Weg geben.
Wir schwiegen.

Ich meinte, wenn seine Vergangenheit leichter wäre, so könne er sie vermutlich mit auf die Insel nehmen. Doch wäre sie leichter, so wäre sein Eigengewicht weitaus mehr und so könnte er sowohl mit, als auch ohne Vergangenheit diese Brücke nicht passieren. Dadurch jedoch, dass er nun so lange gegangen sei, mit dieser Last, sei er selber davon so leicht geworden, dass er die Brücke passieren könne, würde er seine Last absetzen.

Er schaute mich erstaunt an – „Es ist also die einzige Möglichkeit diese Brücke zu überqueren?", fragte er. Ich schwieg. Er dachte nach. Dann fragte er mich, ob ich denn kurz für ihn seine Vergangenheit tragen könnte, da er das

Paket ungern in den Staub stellen wolle. Er würde jedoch gern einmal auf die Insel gehen, um zu schauen, ob sich denn der Tausch auch lohnen würde.

Ich sagte, dass er gern auf die Insel gehen könne, doch ich würde ihm seine Last nicht abnehmen. Ich zeigte auf den Haufen neben der Brücke und sagte: „All das ist Vergangenheit von vielen anderen, die auch zuvor wie Du unentschlossen waren. Es ist Deine Entscheidung – wohin es Dich trägt."

Und seit er über die Brücke lief, ruht neben seiner Vergangenheit die Vergangenheit vieler anderer glücklicher, freier Menschen!

Paula Meux

Das rosa Tütchen

Als ich eines Tages traurig durch den Park
schlenderte und mich auf einer Parkbank
niederließ, um über alles nachzudenken was
in meinem Leben schief läuft, setzte sich ein
fröhliches kleines Mädchen zu mir.

Sie spürte meine Stimmung und fragte:
„Warum bist du so traurig?"

„Ach", sagte ich „ich habe keine Freude im
Leben. Alle sind gegen mich. Alles läuft
schief. Ich habe kein Glück und ich weiß
nicht, wie es weitergehen soll."

„Hmmm", meinte das Mädchen, „Wo hast du
denn dein rosa Tütchen? Zeig es mir mal.
Ich möchte da mal hineinschauen."

„Was für ein rosa Tütchen?", fragte ich sie
verwundert. „Ich habe nur ein schwarzes
Tütchen."

Wortlos reichte ich es ihr.

Vorsichtig öffnet sie mit ihren zarten kleinen
Fingern den Verschluss und sah in mein
schwarzes Tütchen hinein. Ich bemerkte,
wie sie erschrak.

„Es ist ja voller Alpträume, voller Unglück
und voller schlimmer Erlebnisse!"

„Was soll ich machen? Es ist eben so.
Daran kann ich doch nichts ändern."

„Hier nimm", meinte das Mädchen und
reichte mir ein rosa Tütchen. „Sieh hinein!"

Mit etwas zitternden Händen öffnete ich das
rosa Tütchen und konnte sehen, dass es voll
war mit Erinnerungen an schöne Momente
des Lebens. Und das, obwohl das Mädchen
noch jung an Menschenjahren war.

Wo ist dein schwarzes Tütchen?",
fragte ich neugierig.

„Das werfe ich jede Woche in den Müll und kümmere mich nicht weiter darum", sagte sie.
„Für mich ist es wichtig, mein rosa Tütchen im Laufe des Lebens voll zu bekommen.
Da stopfe ich soviel wie möglich hinein.
Und immer wenn ich Lust dazu habe oder ich beginne traurig zu werden, dann öffne ich mein rosa Tütchen und schaue hinein.
Dann geht es mir sofort besser."

Noch während ich verwundert über ihre Worte nachdachte, gab sie mir einen Kuss auf die Wange und war verschwunden.

Neben mir auf der Bank lag ein rosa Tütchen.

Ich öffnete es zaghaft und warf einen Blick hinein. Es war fast leer, bis auf einen kleinen zärtlichen Kuss, den ich von einem kleinen Mädchen auf einer Parkbank erhalten hatte.

Bei dem Gedanken daran musste ich schmunzeln und mir wurde warm ums Herz.

Glücklich machte ich mich auf den Heimweg, nicht vergessend, am nächsten Papierkorb mich meines schwarzen Tütchens zu entledigen.

Ich wünsche Dir ein stets volles, rosa Tütchen!

Das Herz

Eines Tages stand ein junger Mann mitten in der Stadt und erklärte, dass er das schönste Herz im ganzen Tal habe.

Eine große Menschenmenge versammelte sich, und sie alle bewunderten sein Herz, denn es war perfekt. Es gab keinen Fleck oder Fehler in ihm. Ja, sie alle gaben ihm recht, es war wirklich das schönste Herz, was sie je gesehen hatten.

Der junge Mann war sehr stolz und prahlte lauter über sein schönes Herz. Plötzlich tauchte eine ältere Frau vor der Menge auf und sagte: „Nun, Dein Herz ist nicht mal annähernd so schön, wie meines."

Die Menschenmenge und der junge Mann schauten das Herz der älteren Frau an. Es schlug kräftig, aber es war voller Narben, es hatte Stellen, wo Stücke entfernt und durch andere ersetzt worden waren. Aber sie passten nicht richtig, und es gab einige ausgefranste Ecken. Genauer an einigen Stellen waren tiefe Furchen, wo ganze Teile fehlten.

Die Leute starrten sie an: Wie kann sie behaupten, ihr Herz sei schöner?, dachten sie. Der junge Mann schaute auf das Herz der Frau, sah dessen Zustand und lachte: „Du musst scherzen, sagte er, Dein Herz mit meinem zu vergleichen. Meines ist perfekt und Deines ist ein Durcheinander aus Narben und Tränen."

„Ja", sagte die Frau, „Deines sieht perfekt aus, aber ich würde niemals mit Dir tauschen. Jede Narbe steht für einen Menschen, dem ich meine Liebe gegeben habe. Ich reiße ein Stück meines Herzens heraus und reiche es ihnen, und oft geben sie mir ein Stück ihres Herzens, das in die leere Stelle meines Herzens passt. Aber weil die Stücke nicht genau sind, habe ich einige raue Kanten, die ich sehr schätze, denn sie erinnern mich an die Liebe, die wir teilten.

Manchmal habe ich auch ein Stück meines Herzens gegeben, ohne dass mir der andere ein Stück seines Herzens zurückgegeben hat. Das sind die leeren Furchen. Liebe geben heißt manchmal auch ein Risiko einzugehen. Auch wenn diese Furchen schmerzhaft sind, bleiben sie offen und auch sie erinnern mich an die Liebe, die ich für diese Menschen empfinde. Und ich hoffe, dass sie eines Tages zurückkehren und den Platz ausfüllen werden.

Erkennst Du jetzt, was wahre Schönheit ist?"

Der junge Mann stand still da und Tränen rannen über seine Wangen. Er ging auf die ältere Frau zu, griff nach seinem perfekten jungen und schönen Herzen und riss ein Stück heraus. Er bot es der Frau mit zitternden Händen an. Die ältere Frau nahm das Angebot an, setzte es in ihr Herz. Sie nahm dann ein Stück ihres alten vernarbten Herzens und füllte damit die Wunde des jungen Mannes Herzen. Es passte nicht perfekt, da es einige ausgefranste Ränder hatte.

Der junge Mann sah sein Herz an, nicht mehr perfekt, aber schöner als je zuvor, denn er spürte die Liebe der älteren Frau in sein Herz fließen.

Das Geheimnis des Glücks

Ein reicher Mann schickt eines Tages seinen Sohn zu einem bekannten Weisen, damit er dort das Geheimnis des Glücks lerne. Vierzig Tage wandert der Junge und kommt schließlich an einen prächtigen Palast. In einem großen Saal redet der Weise mit sehr vielen Menschen.

Herrliche Tafeln sind mit Köstlichkeiten gedeckt. Musiker spielen frohe Melodien. Nach mehreren Stunden kann der Junge dem Weisen seinen Wunsch vortragen. „Ich habe im Moment keine Zeit, Dir das Geheimnis des Glücks zu erklären. Sieh Dich im Palast um und komme in zwei Stunden wieder. Hier, nimm diesen Löffel mit zwei Tropfen Öl darauf. Während Du Dir alles ansiehst, halte den Löffel so, dass das Öl nicht herunterläuft!" Der Junge geht durch den riesigen Palast, ohne den Blick von dem Löffel zu wenden, und nach zwei Stunden erscheint er wieder vor dem weisen Mann. „Nun, hast Du all die kostbaren Teppiche, Möbel, Vasen und Vorhänge gesehen, dazu die wertvollen Bücher und Gemälde?" Beschämt muss der Junge zugeben, dass er nur auf den Löffel geschaut und nichts von all den schönen Dingen im Palast gesehen hat. „Dann geh noch einmal durch den Palast und schau Dir alles gut an!"

Nun geht der Junge mit großer Aufmerksamkeit durch alle Räume und sieht, wie kunstvoll alles angeordnet und aufgestellt ist. Vor dem weisen Mann beschreibt er voller Bewunderung die vielen Schätze und Kostbarkeiten.

„Aber wo sind die Öltropfen, die ich Dir mitgegeben habe?" Erschrocken stellt der Junge fest, dass er sie vor lauter Betrachten verschüttet hat. „Also das ist mein Rat an Dich: Das Geheimnis des Glücks besteht darin, dass Du alle Herrlichkeiten der Welt anschaust, ohne dass Du darüber die dir anvertraute Gabe verlierst!"

Die fleißige Ameise

Jeden Morgen kam die fleißige Ameise fröhlich zur Arbeit. Sie liebte ihre Arbeit. Hier verbrachte sie die meiste Zeit des Tages schwer arbeitend, immer ein Liedchen summend. Sie arbeitete fleißig vor sich hin.

Der Generaldirektor, ein dicker fetter Käfer, stellte fest, dass es niemanden gab, der die Ameise beaufsichtigte. So konnte es nicht weitergehen! Er schuf einen Supervisor - Posten und stellte einen Mistkäfer mit viel Erfahrung ein. Die erste Sorge des Mistkäfers war, die Arbeitszeit zu standardisieren. Er erstellte hierzu verschiedene Reports.

Bald darauf benötigte der Mistkäfer eine Sekretärin, die diese Reports vorbereitete. Man stellte eine Spinne ein, die ein Archiv einrichtete und Telefonanrufe entgegennahm. Und in der ganzen Zeit, arbeitete die Ameise froh und munter weiter, denn ihre Arbeit gefiel ihr und von Zeit zu Zeit summte sie ein Liedchen.

Der Generaldirektor war begeistert von der Arbeit des Mistkäfers, und fragte ihn nach grafischen Darstellungen und Zukunftsanalysen. So wurde es nötig, eine Fliege einzustellen als Helfer für den Supervisor. Sie kauften der Fliege ein Laptop, mit dem sie die Reports schön bunt gestalten konnte.

Die fleißige Ameise summte schon bald kein Liedchen mehr, beschwerte sich, dass sie so viel Schreibkram auszufüllen hatte, anstatt zu arbeiten. Daraufhin beschloss der Generaldirektor, dass ein Administrator für die Abteilung, in der die Ameise arbeitete, her musste. Diese verantwortungsvolle Aufgabe wurde der Heuschrecke übertragen, die als erstes verlangte, dass man ihr einen speziellen Sessel kaufen solle. Natürlich brauchte sie auch ein Auto, einen Laptop und einen Zugang zum Intranet. Und selbstverständlich brauchte sie auch einen persönlichen Assistenten, die

Kröte, die schon an ihrem alten Arbeitsplatz als Sekretärin für die Heuschrecke gearbeitet hatte.

Die Ameise sang nicht mehr. Sie wurde immer unruhiger und nervöser.

„Wir müssen ein Gremium beauftragen, Daten für eine Studie über die arbeitende Gesellschaftsschicht zusammenzutragen und einen Bericht zu verfassen." Gesagt, getan. Die ausgesuchten Spezialisten machten sich gegen ein beträchtliches Entgelt sogleich monatelang an die Arbeit. In der Zwischenzeit, stellte der Generaldirektor fest, dass die Abteilung, in der die fleißige Ameise munter vor sich hin arbeitete, nicht mehr den gleichen Profit wie früher erwirtschaftete. Er wandte sich an die Eule, eine Expertin in Sachen Betriebswirtschaft, die Tausende von Euro bekam. Sie sollte analysieren und diagnostizieren, was zu tun sei. Die Eule wirbelte drei Monate in allen Büros der Firma herum. Dann legte sie einen Abschlussbericht vor, der besagte: „Sie haben zu viel Personal, es sollten Stellen abgebaut werde." Dem Expertenbericht der Eule folgend, entließ der Generaldirektor die Ameise, die immer so fleißig arbeitete und ihre Arbeit liebte.

Und die Moral von der Geschichte:

1. Es sollte dir nicht im Traum einfallen, eine fleißig arbeitende, fröhliche Ameise zu sein. Es ist viel besser eine Heuschrecke oder ein Mistkäfer zu sein, wenn auch unnütz und unfähig. Diese brauchen keinen Supervisor, es stresst sie niemand.

2. Wenn du nicht anders kannst, als fleißig und arbeitsam zu sein, dann zeige niemandem, dass du fröhlich bist und dass dir deine Arbeit Freude macht! Erfinde von Zeit zu Zeit ein Unglück, jammere und beschwere dich, damit es niemandem in den Sinn kommt, dich zu beneiden, nur weil du Spaß an deiner Arbeit hast.

Viele kleine Dinge

„Hilfe! Hilfe!", hört die Taube Talitu eine Kinderstimme rufen. Sie zieht einen Kreis in der Luft und schaut auf die Erde hinunter. Sehen kann sie nichts. Kein Kind. Niemanden. „Ich muss etwas tiefer fliegen", denkt sie. „Wer weiß, was da passiert ist."

Da - jetzt hört sie die verzweifelte Stimme ganz deutlich: „Hilfe! Wer hilft mir?" Erschrocken fliegt Talitu noch tiefer und setzt sich auf einen Brunnenrand. „Hier irgendwo muss es herkommen." Denn aus der Tiefe des Brunnens hört Talitu laut und traurig die Stimme eines kleinen Jungen: „Ich habe Angst! Es ist so dunkel hier unten. Hört mich denn keiner?"

„Ich muss ihm helfen!" denkt Talitu. „Aber allein schaffe ich es nicht. Was kann ich nur machen?" Talitu denkt nach - und hat eine gute Idee ...

Plötzlich kann man am Himmel eine große Taubenschar sehen. Alle wollten Talitu helfen.

Wie? Jede Taube bringt im Schnabel einen Strohhalm mit und wirft ihn in den Brunnen. Viele Tauben und viele, viele Strohhalme sind es. Sie fallen in das Wasser in dem Brunnen, und der Junge kann sich auf das Stroh stellen. Immer mehr Strohhalme fallen vom Himmel. Immer höher kann der Junge darauf stehen. „Ich kann schon etwas sehen! Den Himmel kann ich sehen! Und gleich die Sonne!" ruft er den Tauben zu. Wenig später ist der Brunnen so voller Stroh, dass er glücklich über den Brunnenrand klettern kann.

„Danke! Vielen Dank, liebe Tauben!", ruft er und schaut zum Himmel. Die Tauben fliegen im Kreis, und es sieht aus, als würden sie dem Jungen mit ihren Flügeln winken. Dann fliegen sie weiter - es kann ja sein, dass an einem anderen Ort ein anderes Kind ihre Hilfe braucht.

Armenisches Märchen

Trost oder Vertröstung

Die Häsin lag sehr krank. Da kam der Igel zu Besuch und brachte ein paar frische Kleeblätter mit und sagte: „Kommt Zeit, kommt Rat!" Gut gemeint, aber wann kommt die Zeit, und welcher Rat wird es sein?

Tags darauf sah die Eule herein und meinte: „Gut Ding will Weile haben!" Sprach's und verabschiedete sich. Die Häsin dachte: Ich kann mir aber keine Weile leisten.

Als die Feldmaus durchs Fenster guckte, fiepte sie: „Kopf hoch, Frau Nachbarin, so trägt eben jeder sein Päckchen!" Die alte Katze sah auch kurz herein und erkundigte sich nach dem Befinden. „Es wird schon werden!", meinte sie schnurrend und meinte es ja ehrlich.

Als dann der Maulwurf seine Hemmungen überwand und durchs Fenster rief: „Keine

Sorge! Ende gut, alles gut!", da empfand die Häsin nur noch Bitterkeit.

In der Küche tobten die Jungen, und nichts war fertig geworden. Dazu noch die eigene Angst. Witzig sollte es klingen, als die Elster vom hohen Baum rief: „Kommen wir über den Hund, kommen wir über den Schwanz! Geduld, Geduld, Geduld!"

Können die alle sich denn gar nicht vorstellen, wie mir zumute ist, dachte die Kranke. Müssen die denn alle solchen gutgemeinten Unsinn reden? Während sie noch voller Enttäuschung so nachdachte und merkte, dass all der gutgemeinte Trost im Grunde keiner war, kamen die Ameisen herein, grüßten kurz, stellten Feldblumen auf den Tisch, machten die Küche sauber, versorgten die jungen Hasen, waren bei alledem sehr leise und verabschiedeten sich ohne jeden Aufwand. Da trat viel Ruhe ein und vor allem: Die Hoffnung wuchs.

Peter Spangenberg

Der verlängerte Tag

Besorgt meldeten die Engel dem Schöpfer der Welt, dass die Menschen fast ganz aufgehört hatten, zu beten. Daraufhin beschloss der himmlische Rat, die Ursachen dieses alarmierenden Zustandes durch eine Schar von Engeln untersuchen zu lassen.

Diese berichteten folgendes: Die Menschen wissen um ihre mangelnden Gebete und beklagen das. Aber leider hätten sie trotz ihres guten Willens keine Zeit zum Beten. Im Himmel war man verblüfft und erleichtert in einem: Statt des befürchteten Abfalls handelt es sich also nur um ein Zeitproblem!

Die himmlischen Räte überlegten hin und her, was zu tun sei. Einige meinten, man solle durch entsprechende Maßnahmen das moderne, hektische Leben abschaffen - früher sei fast alles besser gewesen. Eine Gruppe schlug sogar

eine Bestrafung des Menschengeschlechtes vor: „Das wird seine Wirkung tun", sagten sie und verwiesen auf die Sinnflut, grosse Erdbeben, Kriege, Pest und Aids.

Das Ei des Kolumbus aber fand ein junger Engel: Gott sollte doch Verständnis für die Not des modernen Menschen zeigen und den Tag einfach verlängern! Trotz einiger Gegenstimmen wurde der Vorschlag vor Gott gebracht. Zur Überraschung aller schien dieser einverstanden zu sein. Denn er tat, was man wünschte und schuf eine 25. Tagesstunde. Im Himmel herrschte Freude: „So ist Gott eben", sagte man, „ER hat Verständnis für seine Geschöpfe!"

Als man auf der Erde zu merken begann, dass der Tag nun eine Stunde länger dauerte, waren die Menschen verblüfft, und als sie den Grund erfuhren, von Dankbarkeit erfüllt.

Erste Reaktionen waren vielversprechend: Es werde zwar einige Zeit dauern, so hörte man aus gut informierten Kreisen, bis die Anpassung vollzogen sei, aber dann werde sich alles einspielen. Nach einer gewissen Zeit vorsichtiger Zurückhaltung ließen die Bischöfe verlauten, es sei eine Wende zu erwarten, und die 25. Stunde werde als „Stunde Gottes" in das Leben der Menschen eingehen.

Im Himmel allerdings wich die anfängliche Freude bald der Ernüchterung. Wider alle Erwartung kamen im Himmel nicht mehr Gebete an als bisher, und so sandte man wiederum Boten zur Erde. Diese berichteten:
Die Geschäftsleute ließen sagen, die 25. Stunde für die man sich durchaus zu Dank verpflichtet sehe habe durch die Umstellung der Organisation Kosten verursacht. Durch erhöhten Einsatz müssten diese Kosten eingearbeitet werden. Man bitte um Verständnis für diese Sachzwänge. Leider könne von einer Freigabe dieser so dringend nötigen Zusatzstunde vorläufig keine Rede sein, man bedaure sehr.
Ein anderer Engel war bei der Gewerkschaft. Erstaunt, aber doch höflich wurde er angehört.

Dann erklärte eigentlich einer längst über-
fälligen Forderung der Gewerkschaft. Im
Interesse der Arbeitnehmer und der Arbeits-
platzsicherung in der Unterhaltungsindustrie
müsse diese Stunde für die Erholung freigehal-
ten werden.

In den Kreisen der Intellektuellen wurde
über die neue Stunde viel diskutiert. In einer
Gesprächsrunde im Fernsehen wurde vor
allem darauf hingewiesen, dass dem mündigen
Menschen niemand vorschreiben könne, was
er mit dieser Stunde zu tun habe.
Die Idee der Bischöfe, sie als „Stunde Gottes"
im Bewusstsein der Menschen zu verankern,
müsse als autoritäre Bevormundung zurückge-
wiesen werden. Im übrigen sei die Untersuchung
darüber, wie die neue Zeiteinheit entstan-
den sei, ohnehin noch nicht abgeschlossen.
Naiv-religiöse Deutungen aber könnten dem
modernen Menschen auf keinen Fall zugemu-
tet werden.

Dem Engel aber, der zu den kirchlichen Kreisen

gesandt worden war, wurde mitgeteilt, dass man ohnehin bete. Der Eingriff des Himmels, so sagte man, dürfe auf jeden Fall nur als ein ‚Angebot' verstanden werden, als ein Baustein der persönlichen Gewissensentscheidung.

Einige gingen noch weiter und sagten, aus der Sicht der kirchlichen Basis sei die ganze Angelegenheit kritisch zu bewerten: Die Zweckbindung der 25. Stunde zugunsten des Gebetes sei eng und könnte auf gar keinen Fall „von oben" verfügt werden, d. h. ohne entsprechende Meinungsbildung „von unten".

Manche Pfarrer betonten, wie dankbar sie für die zusätzliche Zeit seien, deren sie dringend für ihre pastorale Arbeit bedürften, und ein Theologe ließ ausrichten, er arbeite an einem Buch über das Gebet, und die neugeschaffene Stunde komme ihm sehr gelegen, um mit seiner Arbeit besser voranzukommen.

Und so hatten eigentlich alle einen Grund, warum die dazugewonnene Tagesstunde nicht dem Gebet gewidmet werden könne. Die einen erhöhten ihre Arbeitsleistung, andere genossen das Mehr der Freizeit, wieder andere traten einem weiteren Verein bei oder besuchten Lehrgänge über Selbstverwirklichung, Gesprächsführung und neue Meditationstechniken.

Ja, es wurden sogar pädagogische, soziologische, ökonomische, psychologische und theologische Bücher über die „Bedeutung der 25. Tagesstunde" verfasst, denen dann wissenschaftliche Kongresse folgten. Kirchliche Bildungshäuser boten Kurse über verschiedene Gebetstechniken an, und die Teilnehmer diskutierten oft nächtelang.

Einige Engel kamen zurück und wussten nicht, wie sie ihre Beobachtungen bewerten sollten. Sie berichteten nämlich von Menschen, die geschenkte Zeit wie jede andere Stunde ihres Lebens aus den Händen Gottes annahmen: Für ihr Aufgaben, für den Dienst an den Mitmenschen, für die Teilnahme an Gottesdiensten und für das Gebet, für das sie

jetzt noch leichter Zeit fanden als bisher.
Darüber waren die Engel freilich auch verwundert: Diejenigen, die die 25. Stunde tatsächlich in den Dienst Gottes stellten, waren dieselben, die schon bisher genügend Zeit für Gebet und Gottesdienst hatten.

So erkannte der himmlische Rat: das Gebet ist eine Frage der Liebe. Zusätzliche Zeit allein bringt keinen Beter hervor. Diejenigen, die nicht beten wollen, werden auch mit einem längeren Tag „keine Zeit" zum Beten finden. Zeit haben immer nur die Liebenden!

Daraufhin wurde beschlossen, Gott zu bitten, die 25. Stunde wieder abzuschaffen und auch die Erinnerung daran aus den Köpfen der Menschen zu löschen. Und so geschah es.

Brücken bauen

Die Brücke im Dorf spannte sich hoch und weit über das kleine Flüsschen, das die Häuser und ihre Bewohner in zwei Gruppen teilte. Das Jahr über war der Fluss, der unter der Brücke plätscherte, nur ein kleines Rinnsal, aber nach der Schneeschmelze im Frühjahr oder nach langen Regentagen im Herbst schwoll er an und die Brücke war dann die einzige Möglichkeit, einen Besuch auf der anderen Seite abzustatten.

Aber die Brücke war mehr als nur eine Verbindung zwischen den beiden Ufern. Sie bot eine herrliche Aussicht auf das Tal und Platz für eine kleine Unterhaltung; sie war Treffpunkt für Verliebte und Verkaufsfläche für fahrende Händler. Und - sie war ein Zeichen.

Die Legende erzählt, dass - lange bevor sich die Häuser zu einem Dorf verdichteten - links und

rechts vom Fluss zwei Bauernhöfe standen, die ihren Bewohnern nur wenig Erträge boten. Die Arbeit war schwer und das Land karg. Es blieb nur wenig Geld, um sich neue und praktische Geräte anzuschaffen, die die Arbeit erleichterten und Gelegenheit zu etwas Wohlstand boten. Immer wieder dachten beide Bauern darüber nach, auch eine Brücke zu bauen. Aber wenn schon das Geld für einen neuen Pflug oder für weiteres Vieh kaum reichte, blieb noch weniger für eine Brücke übrig.

Bis in einem Jahr eine große Trockenheit über das Land einbrach. Die Ernte fiel noch kleiner aus, die Saat ging kaum auf und das Vieh hatte nur wenig Fleisch auf den Knochen und gab kaum noch Milch.

Der Fluss hingegen trocknete ganz aus. Und so kam es, dass die beiden Familien ohne Schwierigkeiten auf die andere Seite gelangen konnten - und sie halfen einander, wo sie konnten. Wenn der Bauer auf der linken Seite die Einsaat nicht mehr schaffte, kam ihm der

Bauer der rechten Seite zur Hilfe. Und als die Kuh auf der rechten Seite kalben sollte, wusste der Bauer von der anderen Seite guten Rat und man wechselte sich in der Stallwache ab. Trotz der Trockenheit ging es am Ende des Jahres beiden Familien besser als jemals zuvor.

Im nächsten Jahr kam der Regen wieder - aber diesmal begannen beide, die Brücke über den Fluss zu bauen. Man hatte dafür kaum Geld und noch weniger Zeit. Aber die Erfahrung hatte sie gelehrt, dass man manchmal das Letzte, was man hat, in eine Brücke zueinander investieren sollte - weil Menschen, die füreinander da sind, einen größeren Reichtum darstellen als alle Geräte und Maschinen.

Die abgetragenen Kinderschuhe

Clarence Powell befand sich eine Zeitlang in größten finanziellen Schwierigkeiten. Als jung verheirateter Ehemann arbeitete er bei einer Baufirma. Solange er Arbeit hatte, bezog er ein ausreichendes Einkommen. Aber es gab Zeiten, wo seine Firma keine Bauaufträge bekam. Die Familie Powell hatte sechs Kinder zu versorgen. An einem Herbsttag, kurz vor Schulbeginn, bemerkten die Eltern, dass drei ihrer Kinder völlig abgetragene Schuhe anhatten. Auch die Waschmaschine war kaputt und nicht mehr zu reparieren. Clarence Powell suchte in der Zeitung nach einer preiswerten gebrauchten Maschine. Er fand tatsächlich ein Inserat und wandte sich an die angegebene Adresse.

Das Haus, das Powell aufsuchte, war groß

und schön, so dass er zögerte einzutreten. Beim Läuten der Glocke erschien ein freundlicher Herr. Powell sagte ihm, er wolle sich die Waschmaschine ansehen, und wurde ins Hausinnere geführt. Auf dem Weg zur Küche, wo die Maschine aufgestellt war, sah er sich staunend um. Alles war vornehm und bequem eingerichtet.

Der Mann und seine Frau boten Clarence die Maschine zu solch einem niedrigen Kaufpreis an, dass er ihnen, um seine besondere Dankbarkeit für ihr Entgegenkommen auszudrücken, von seiner finanziellen Not, seinen beruflichen Schwierigkeiten und den Kleidungssorgen der Familie erzählte.

Daraufhin verließ die Frau unter Schluchzen das Zimmer. „Habe ich etwas Falsches gesagt?", fragte Clarence. „Nein", antwortete der Mann. „Sie haben nichts Falsches gesagt. Sie haben bloß von abgetragenen Kinderschuhen gesprochen. Wir haben nur ein Kind, ein kleines Mädchen, und es hat in seinem Leben noch keinen einzigen Schritt getan. Ein paar abgetragene Schuhe würden uns sehr glücklich machen."

Nach diesem Erlebnis berichtete Clarence Powell: Ich kehrte wieder heim, ging in mein Zimmer und schloss die Tür hinter mir zu. Ich kniete nieder und bat den Herrn um Verzeihung für mein Nörgeln und Klagen über Kleinigkeiten. Dann nahm ich die drei paar Schuhe und betrachtete sie voll Dankbarkeit. Ich war so froh, drei Paar abgetragene Kinderschuhe zu haben.

Die dicke Orange

„Nächsten Sonntag feiert die Kirche das Erntedankfest", erklärte der Religionslehrer. „Wir danken Gott für alles Getreide, Obst und Gemüse, das wir auf dem Feld oder im

Hausgarten ernten konnten." „Aber wir kaufen alles nur im Supermarkt", meldete sich der kleine Arnulf. „Wir haben keinen eigenen Garten. Und immer teurer wird es auch, sagt Mama."

Der Lehrer überlegte angestrengt, aber dann lächelte er. „Es war einmal", so begann er zu erzählen, „in einem fremden fernen Land eine ganz kleine giftgrüne Orange. Die hatte sich im Orangenbaum den schönsten Sonnenplatz ausgesucht, den es gab. Da hing sie nun sehr lange und ließ sich von den Sonnenstrahlen bescheinen. Und sie freute sich an der bunten Welt, dem blauen Himmel, den Vögeln und Schmetterlingen. Vor lauter Freude wurde sie immer dicker und dicker, und auch ihre Farbe wechselte von Grün bis Gelblich und dann zu einem leichten Rot. Schließlich war sie die dickste Orange im Baum. Aber lange bevor sie richtig reif wurde, pflückte man sie ab und sie kam zu den Menschen. Der eine warf sie in einen Korb, der nächste sortierte sie zu anderen dicken Orangen. Dann wurde sie in einer Kiste in ein Schiff verladen und kam nach Österreich. Vom Hafen wurde sie in einem Lastwagen zu unserem Supermarkt gefahren, wieder ausgepackt und wartet nun auf euch."

Der Lehrer lächelte Arnulf zu. „Tja", sagte er, „und wenn deine Mutter die dicke Orange kauft, dann bezahlt sie die Besitzer vom Supermarkt, vom Lastwagen, vom Schiff und von der Orangenbaum-Plantage. Und auch die vielen Verkäufer, Fahrer und Pflücker, die mit ihr zu tun hatten. Aber die dicke Orange selbst, die so saftig ist und so gut schmeckt, wenn ihr hineinbeißt, und der grüne Zweig, an dem sie hing, und die vielen Tage, die sie reif werden ließen, mit Sonnenstrahlen, blauem Himmel, Vögeln und Schmetterlingen, die gehören keinem Menschen und die kann man nicht bezahlen. Und dafür ..."

„... danken wir Gott am Erntedankfest", unterbrach Arnulf und sah den Lehrer strahlend an.
Thomas Klocke

Kommt ein tanzender Mönch in den Himmel?

Es war einmal ein Gaukler, der tanzend und springend von Ort zu Ort zog, bis er des unsteten Lebens müde war. Da gab er all seine Habe den Armen und trat in das Kloster zu Clairveaux ein.

Aber weil er sein Leben bis dahin mit Springen, Tanzen und Radschlagen zugebracht hatte, war ihm das Leben der Mönche fremd, und er wusste weder ein Gebet zu sprechen noch einen Psalter zu singen. So ging er stumm daher, und wenn er sah, wie jemand des Gebetes kundig schien, aus frommen Büchern las und mit im Chor sang, stand er beschämt dabei: Ach, er allein, er konnte nichts.

"Was tust du hier?", sprach er zu sich, „ich weiß nicht zu beten und kann keine sinnvollen Worte machen.

Ich bin hier unnütz und der Kutte nicht wert, in die man mich kleidete."

In seinem Gram flüchtete er eines Tages, als die Glocke zum Chorgebet rief, in eine abgelegene Kapelle. „Wenn ich schon nicht mitbeten kann im Konvent der Mönche", sagte er vor sich hin, „so will ich doch tun, was ich kann." Rasch streifte er das Mönchsgewand ab und stand da in seinem bunten Röckchen, in dem er als Gaukler umhergezogen war. Und während vom hohen Chor die Psalmgebete herüberwehten, begann er mit Leib und Seele zu tanzen, vor- und rückwärts, links herum und rechts herum. Mal geht er auf seinen Händen durch die Kapelle, mal überschlägt er sich in der Luft und springt die kühnsten Tänze, um Gott zu loben. So lange wie das Chorgebet der Mönche dauert, tanzt er ununterbrochen, bis ihm der Atem verschlägt und die Glieder ihren Dienst versagen.

Ein Mönch aber war ihm gefolgt und hatte durch ein Fenster seine Tanzsprünge mitangesehen und heimlich den Abt geholt. Am anderen Tag ließ dieser den Bruder zu sich rufen.

Der Arme erschrak zutiefst und glaubte, er solle des verpassten Gebetes wegen bestraft werden. Also fiel er vor dem Abt nieder und sprach: „Ich weiß, Herr, dass hier meines Bleibens nicht ist. So will ich aus freien Stücken ausziehen und in Geduld den Staub der Straße wieder ertragen."

Doch der Abt neigte sich vor ihm, küsste ihn und bat ihn, für ihn und alle Mönche zu beten: „In Deinem Tanze hast Du Gott mit Leib und Seele geehrt. Uns aber möge Gott alle Worte verzeihen, die über unsere Lippen gekommen sind, ohne dass unser Herz dabei gewesen ist."

Französische Legende

Zwiegespräch an der Krippe

Ein kleiner Junge ist stolz darauf, einen Großvater zu haben, der Figuren schnitzen kann. Es ist schon faszinierend zuzusehen, wie langsam aus einem Stück Holz „lebendige" Gestalten entstehen.

Der Junge vertieft sich so in die geschnitzten Krippenfiguren, dass sich seine Gedanken mit der Welt der Figuren vermischen:
Er geht mit den Hirten und Königen in den Stall und steht plötzlich vor dem Kind in der Krippe. Da bemerkt er: Seine Hände sind leer! Alle haben etwas mitgebracht, nur er nicht. Aufgeregt sagt er schnell:
„Ich verspreche dir das Schönste, was ich habe! Ich schenke dir mein neues Fahrrad - nein, meine elektrische Eisenbahn."

Das Kind in der Krippe schüttelt lächelnd den Kopf und sagt: „Ich möchte aber nicht deine

elektrische Eisenbahn. Schenke mir deinen - letzten Aufsatz!"

„Meinen letzten Aufsatz?", stammelte der Junge ganz erschrocken, „aber da steht doch ..., da steht >ungenügend< drunter!"
„Genau deshalb will ich ihn haben", antwortet das Jesuskind. „Du sollst mir immer das geben, was >nicht genügend< ist.
Dafür bin ich auf die Welt gekommen!"

„Und dann möchte ich noch etwas von dir", fährt das Kind in der Krippe fort, „ich möchte deinen Milchbecher!" Jetzt wird der kleine Junge traurig: „Meinen Milchbecher? - Aber der ist mir doch zerbrochen!"

„Eben deshalb möchte ich ihn haben", sagt das Jesuskind liebevoll, „du kannst mir alles bringen, was in deinem Leben zerbricht. Ich will es heil machen!"

„Und noch ein Drittes möchte ich von dir", hört der kleine Junge wieder die Stimme des

Kindes in der Krippe, „ich möchte von dir noch die Antwort haben, die du deiner Mutter gegeben hast, als sie dich fragte, wieso denn der Milchbecher zerbrechen konnte."

Da weint der Junge. Schluchzend gesteht er: „Aber da habe ich doch gelogen. Ich habe der Mutter gesagt: Der Milchbecher ist mir ohne Absicht hingefallen! Aber in Wirklichkeit habe ich ihn ja vor Wut auf die Erde geworfen!"

„Deshalb möchte ich die Antwort haben", sagt das Jesuskind bestimmt, „bring mir immer alles, was in deinem Leben böse ist, verlogen, trotzig und gemein. Dafür bin ich in die Welt gekommen, um dir zu verzeihen, um dich an die Hand zu nehmen und dir den Weg zu zeigen ..."

Und das Jesuskind lächelt den Jungen wieder an. Und der schaut und hört und staunt.

Walter Baudet

Die Weihnachtsgeschichte der Tiere

Die Tiere diskutierten über Weihnachten. Sie stritten darüber, was wohl die Hauptsache an Weihnachten sei.

„Na klar, Gänsebraten", sagte der Fuchs, „was wäre Weihnachten ohne einen Gänsebraten!"

„Schnee", sagte der Eisbär, „viel Schnee!" Und er schwärmte verzückt: "Weiße Weihnachten feiern!"

Das Reh sagte: „Ich brauche einen Tannenbaum, sonst kann ich nicht Wcihnachten feiern!"

„Aber nicht so viele Kerzen", heulte die Eule, „schön schummrig und gemütlich muss es sein. Stimmung ist hier die Hauptsache! Gute Stimmung ist wichtig zu Weihnachten!"

"Aber mein neues Kleid muss man sehen", sagte der Pfau. „Wenn ich kein neues Kleid kriege, ist es für mich kein Weihnachten!"

"Und etwas Schmuck", krächzte die Elster. "An jedem Weihnachtsfest bekomme ich etwas: einen Ring, ein Armband, eine Brosche oder eine Kette, das ist für mich das Allerschönste an Weihnachten!"

"Na, aber den Stollen bitte nicht vergessen", brummte der Bär, „das ist doch die Hauptsache. Wenn es den nicht gibt, und all die anderen süßen Sachen, verzichte ich lieber auf Weihnachten."

„Mach's wie ich", sagte der Dachs, „pennen, pennen, einmal ganz richtig ausschlafen! Das ist für mich das Wahre an Weihnachten!"

„Und saufen", ergänzte der Ochse, „mal richtig einen saufen und dann pennen!"

Dann schrie er ‚Aua', denn der Esel hatte ihm

einen gewaltigen Tritt versetzt. „Du Ochse, denkst du denn hier nicht an das Kind?"

Da senkte der Ochse beschämt den Kopf und sagte: "Das Kind, ja das Kind ist doch die Hauptsache zu Weihnachten! Seht da, wie es uns anlächelt."

„Übrigens", fragte der Esel: "Wissen das denn auch die Menschen?"

Die vier Kerzen

Vier Kerzen brannten am Adventskranz so still, dass man hörte, wie die Kerzen zu reden begannen.

Die erste Kerze seufzte und sagte:
„Ich heiße Frieden. Mein Licht leuchtet,
aber die Menschen halten keinen Frieden!"
Ihr Licht wurde immer kleiner
und verlosch schließlich ganz.

Die zweite Kerze flackerte und sagte:
„Ich heiße Glauben, aber ich bin überflüssig.
Die Menschen wollen von GOTT nichts wissen. Es hat keinen Sinn mehr, dass ich brenne."
Ein Luftzug wehte durch den Raum,
und die zweite Kerze war aus.

Leise und traurig meldete sich nun
die dritte Kerze zu Wort: „Ich heiße Liebe.
Ich habe keine Kraft mehr zu brennen.
Die Menschen stellen mich an die Seite,
sie sehen nur sich selbst, und nicht die anderen,
die sie lieb haben sollen."
Und mit einem letzten Aufflackern
war auch dieses Licht ausgelöscht.

Da kam ein Kind in das Zimmer.
Es schaute die Kerzen an und sagte:

„Aber – aber, ihr sollt doch brennen
und nicht ausgelöscht sein!"
Und fast fing es an zu weinen.

Da meldete sich auch die vierte Kerze zu Wort.
Sie sagte: „Hab keine Angst! So lange ich
brenne, können wir auch die anderen Kerzen
wieder anzünden. Ich heiße Hoffnung!"

Mit einem Streichholz nahm das Kind Licht
von dieser Kerze und zündete die anderen
Lichter wieder an!

Advent heißt Ankunft

Manchmal, besonders in der dunklen Jahres-
zeit, erinnere ich mich eines Mannes, der einer
seltsamen Gewohnheit wegen oft Anlass zu
Kopfschütteln gab. Er trug einen verschosse-
nen blauen Umhang. Sein Gesicht war schmal,

der Bart struppig, die Schildmütze hatte er tief in die Stirn gedrückt. Ging man an ihm vorbei, so hörte man ihn leise murmeln, irgend etwas Unverständliches. Ein Sonderling also, ein merkwürdiger, verschrobener, vielleicht sogar lächerlicher Mensch, wie es derer mehrere in dem kleinen, damals doch recht verschlafenen, etwas abseits gelegenen Städtchen gab.

Mit diesem Alten hatte es jedoch eine besondere Bewandtnis. Er ging jeden Tag zu einer besonderen Stunde zum Bahnhof hinaus. Dort stand er und blickte starr zum Bahnsteig hinüber, wo der Zug, den er erwartet hatte, einlief. Er sah die Reisenden aussteigen, er sah sie in die Unterführung verschwinden, sah sie wieder auftauchen, dann sah er sie ganz nahe. Während sie durch die Sperre gingen, musterte er jeden einzelnen. Erst wenn der letzte Fahrgast um die Ecke des Bahnhofsgebäudes verschwunden war, schüttelte der einsame Beobachter den Kopf. Und wenn irgendein Spötter fragte: „Na, wieder nicht gekommen?", wendete sich der Alte schweigend ab und ging durch den Regen oder durch den Schneewirbel den Weg zurück in die Stadt, manchmal stehen bleibend, misstrauisch, als könnte er sich geirrt haben.

Ich erfuhr, dass der Alte einen Sohn gehabt hatte, der aus dem Krieg nicht heimgekommen war. Dieser Sohn galt als vermisst, so hatte man dem Vater geschrieben, aber der wollte es nicht glauben. Er setzte sich in den Kopf, der Sohn müsse eines Tages doch noch kommen. Er wartete und wartete. Die Jahre vergingen.

Die Frau starb, die Freunde und Bekannten zogen sich zurück, weil der Mann nicht auf sie hörte. Dabei hatten sie recht. War es nicht eigensinnig, was er tat? Tag für Tag ging er zum Bahnhof. Bei jedem Wetter. Immer zum gleichen Zug, weil er gehört hatte, dieser Zug müsse es sein, denn er käme eben von dort, wo er den Sohn verloren glaubte - doch er ging immer vergeblich. Gewiss ein unbelehrbarer, ein absonderlicher Mensch, ich gab es zu.

Trotzdem muss ich oft an ihn denken, besonders in der Adventszeit. Advent heißt ja Ankunft, und ich denke: Wer von uns ist schon so hartnäckig, Tag für Tag zum Bahnhof zu gehen, um die Ankunft des Sohnes zu erwarten? Dabei hätten wir immerhin eines dem Alten voraus: Wir wissen genau, dass der Sohn kommt. Die Ankunft ist gemeldet. Er hat uns wissen lassen, dass er unterwegs ist. Er hat Boten vorausgeschickt, die genaue Nachricht überbrachten. Wir warten also nicht auf etwas Vages, Unbestimmtes. Wir kennen den Gast, der kommt. Nicht nur seine Ankunft steht fest, wir wissen auch genau, wer er ist und was er uns bringt.

Wir brauchen überdies nicht zu befürchten, dass der Zug Verspätung haben oder dass er irgendwo anders einlaufen könnte, wo wir gerade nicht sind, nein, die Ankunft hier und jetzt ist sicher.

Warum gehen wir nicht zum Bahnhof? Warum scheuen wir den Weg, den Regen, den

Schnee? Warum haben wir keine Zeit? Spüren wir nicht, dass etwas in Bewegung geraten ist? Das Gleis zittert, der Zeiger rückt vor, Minute um Minute, das Brausen kommt näher. gleich wird es heißen im Lautsprecher: Achtung! Zurücktreten von der Bahnsteigkante! Der Zug läuft ein!

Und dann werde ich vielleicht nicht dabei sein, wenn der Sohn kommt. Oder du nicht. Oder wir alle nicht. Nur jener einsame Alte, der kaum Ursache hatte, die Ankunft des Sohnes zu erwarten, der aber am Bahnhof stand, wenn der Zug einlief. Jeden Tag. Nicht nur in der Vorweihnachtszeit. Denn der Sohn kommt ja nicht nur am Heiligen Abend. Seit er einmal in die Welt geboren wurde und versprochen hat, wiederzukommen, ist alle Tage Advent.

Weiß man nun, weshalb ich schon so oft an den närrischen Alten denken muss und weshalb ich die Geschichte immer wieder erzähle?
Rudolf Otto Wiemer

Der Weg zum Hafen

Ein Segelschiff war auf seiner Fahrt von Bremen nach Valparaiso unterwegs. Die Hälfte der Route war gerade zurückgelegt, als der Kapitän schwer krank wurde. Als der Kapitän, Peter Jensen, spürte, dass er nicht wieder gesund werden würde, ließ er den ersten Steuermann rufen und empfing ihn mit den Worten: „Mit mir geht es zu Ende. Ich werde den Hafen nicht mehr erreichen. Aber wie komme ich in den Hafen bei Gott? Sagen Sie mir doch, was ich machen soll!"

Der Steuermann antwortete ratlos: „Kapitän, das weiß ich auch nicht. Ich habe immer meine Pflicht getan, aber um Gott und solche Dinge habe ich mich nicht gekümmert." Auch der zweite Steuermann und die anderen Besatzungsmitglieder konnten dem Kapitän nicht raten und helfen. Als letzter wurde der Schiffsjunge gerufen. „Karl Müller, hast Du eine Mutter zu Hause?", fragte der Kapitän. „Jawohl, Herr Kapitän." - „Hat sie Dich beten gelehrt?" - „Jawohl, Herr Kapitän. Und als ich abreiste, hat sie mir eine Bibel geschenkt!"

„Hast Du die Bibel hier, Junge?" - „Jawohl, Herr Kapitän. Und ich habe meiner Mutter versprochen, täglich darin zu lesen." - „Hol die Bibel, Junge, und lies mir etwas daraus vor, das zum Sterben hilft!"

Der Schiffsjunge holte seine Bibel und las Jesaja 53 vor. Beim fünften Vers stockte er und fragte: „Herr Kapitän, darf ich den Vers so lesen, wie ihn meine Mutter mich lesen lehrte?" - „Ja, lies!" Da las der Junge: „Aber er ist um Karl Müllers Missetat willen verwundet und um Karl Müllers Sünde willen zerschlagen. Karl Müllers Strafe liegt auf ihm, auf dass Karl Müller Frieden hätte, und durch seine Wunden ist Karl Müller geheilt!" - „Halt!", rief der Kapitän und richtete sich mühsam auf. „Das ist es, was ich brauche. Lies den Vers noch einmal und setze meinen Namen ein!"

Der Schiffsjunge las: „Aber er ist um Peter Jensens Missetat willen verwundet und um Peter Jensens Sünde willen zerschlagen. Peter Jensens Strafe liegt auf ihm, auf dass Peter Jensen Frieden hätte, und durch seine Wunden ist Peter Jensen geheilt!"

Der Kranke ergriff das Heil und bat Gott um seinen Beistand. So fand der Kapitän doch noch den Weg in den Hafen, den Hafen des Friedens.

Das Geschenk

Auf einer abgelegenen Südseeinsel lauschte ein Schüler aufmerksam der Weihnachtserzählung der Lehrerin, die gerade erklärte: „Die Geschenke an Weihnachten sollen uns an die Liebe Gottes erinnern, der seinen Sohn zu uns auf die Erde gesandt hat, um uns zu erlösen, denn der Gottessohn ist das größte Geschenk für die ganze Menschheit. Aber mit den Geschenken zeigen die Menschen sich auch untereinander, dass sie sich lieben und in Frieden miteinander leben wollen."

Am Tage vor Weihnachten schenkte der Junge seiner Lehrerin eine Muschel von ausgesuchter Schönheit. Nie zuvor hatte sie etwas Schöneres gesehen, das vom Meer angespült worden war. „Wo hast Du denn diese wunderschöne und kostbare Muschel gefunden?", fragte sie ihren Schüler.

Der Junge erklärte, dass es nur eine einzige Stelle auf der anderen Seite der Insel gäbe, an der man gelegentlich eine solche Muschel finden könne. Etwa 20 Kilometer entfernt sei eine kleine versteckte Bucht, dort würden manchmal Muscheln dieser Art angespült.

„Sie ist einfach zauberhaft", sagte die Lehrerin. „Ich werde sie mein Leben lang bewahren und Dich darum nie vergessen können. Aber Du sollst nicht so weit laufen, nur um mir ein Geschenk zu machen."

Mit leuchtenden Augen sagte der Junge:
„Der lange Weg ist ein Teil des Geschenkes."

Inhaltsverzeichnis

Quellenhinweise:

11 Spuren am Weg, Herbert Stiegler, nach einem
    afrikanischen Märchen, leicht umgeschrieben

13 unbekannt - aus Alice Gray, Pflaster fürs Herz

18 Des Teufels Lieblingswaffe, Juliette Levivier

28 Die Macht der Liebe, Wilhelm Bruners

35 Treues Gebet, C.H. Spurgeon

38 Was ist das Leben, Ein schwedisches Waldmärchen

56 Der Engel an der Brücke, Paula Meux

67 Axel Kühner, Das Geheimnis des Glücks,
    in: ders., Zuversicht für jeden Tag.
    © 2002 Neukirchener Verlagsgesellschaft mbH,
    Neukirchen-Vluyn, 7. Auflage 2017, S. 5.

75 Trost oder Vertröstung, Peter Spangenberg,
    Rechte beim Autor

89 Die dicke Orange, Thomas Klocke

92 Kommt ein tanzender Mönch in den Himmel,
    Französische Legende

95 Axel Kühner, Zwiegespräch an der Krippe,
    in: ders., Überlebensgeschichten für jeden Tag.
    © 1991 Neukirchener Verlagsgesellschaft mbH,
    Neukirchen-Vluyn, 23. Auflage 2021, S. 395.

102 Advent heißt Ankunft, Rudolf Otto Wiemer
    © Rudolf Otto Wiemer, Hildesheim

Wir danken den Verlagen und Autoren für die freundliche Abdruckgehenhmigung der Texte. In einzelnen Fällen konnten die Rechteinhaber nicht ermittelt werden. Wir bitten um Hinweise an den Verlag, mögliche Honoraransprüche werden gerne abgegolten.

Buchempfehlungen

Diese Schatzkiste ist randvoll von solchen glänzenden Erzählungen, die einen Reichtum von guten Gedankenanstößen versprühen. Wer sie öffnet, kann sich ein Jahr lang jede Woche beschenken lassen - oder vorlesend die Kostbarkeiten mit lieben Menschen teilen. Garantiert auf überraschende Weise Gewinn bringend!

Die goldene Schatzkiste
52 Impuls-Geschichten für's Leben
Bildband, 128 Seiten, 12 x 17 cm, durchg. bebildert.
RKW 5114 • ISBN: 978-3-86338-114-1

Kleine Schätze
52 Impuls-Geschichten für's Leben
Bildband, 128 Seiten, 12 x 17 cm, durchg. bebildert.
RKW 5156 • ISBN: 978-3-86338-156-1

Immer frische Impulsgeschichten

Möchten Sie regelmäßig weitere Schmunzel-Geschichten lesen?
Dann entdecken Sie den Kawohl-Geschichten-Kalender.
Jedes Monatsblatt erfrischt mit einprägsamen Beispielerzählungen und symbolstarken Bildern.

Über das Leben • Der dekorative Wand-Kalender
13 Blätter, Kunstdruck, Schutzfolie, Spiralbindung,
42 x 30 cm, ISBN 978-3-88087-365-0

Aus dem Leben - für das Leben
Der doppelt nutzbare Postkarten-Kalender
13 Blätter, Postkartenkarton, Glanzlackierung, Spiralbindung,
Aufsteller, 21 x 18 cm, ISBN 978-3-88087-343-8

Gute Wünsche – gute Worte

Doro Zachmann
Ein Päckchen voller Wünsche
Sie möchten einem Menschen, der Ihnen
am Herzen liegt, gute Worte weitergeben?
Dann ist dieses Buch genau das Richtige.
Drücken Sie aus, was Ihnen der andere bedeutet
und was Sie sich für ihn wünschen.
Hardcover, 112 Seiten, 10,5 x 15,5 cm.
RKW 5009 • ISBN: 978-3-86338-009-0

Doro Zachmann • Ein Päckchen voller Dank
Freunde tun gut. Dieses Buch ist eine Ode
an die Freundschaft mit 88 ausdrucksstarken
Texten, die ins Herz gehen, wertschätzen,
ermutigen, heilen und trösten.
Hardcover, gebunden, 120 Seiten, 10,5 x 15,5 cm
RKW 5016 • ISBN: 978-3-86338-016-8

Doro Zachmann • Schön, dass es dich gibt
52 Freundschafts-Botschaften
Sind Ihnen Ihre Freunde wichtig? Dann sagen
Sie es ihnen doch einmal in einer besonderen
Form. Die kleinen Botschaften möchten Ihre
Freundschaft zu Menschen vertiefen. Bildband,
128 Seiten, 12 x 17 cm, durchgehend bebildert.
RKW 5141 • ISBN: 978-3-86338-141-7